KB017352

여성에 대하여

여성에 대하여

—그리고 성, 사랑, 결혼에 관한 3부작

드니 디드로

추미사 옮김

▲

문학과지성사

옮긴이 **주미사**

서울대학교 불어불문학과를 졸업하고 같은 과 대학원에서 디드로 연구로 박사 학위를 받았다. 서울대학교와 동덕여자대학교 등에서 가르쳤고 공저로 『프랑스 하나 그리고 여럿』 『열린 사고 창의적 표현』을 썼다. 옮긴 책으로 『배우에 관한 역설』 『영화 분석 입문』과 수 편의 현대 프랑스 동화들이 있다.

문지 스펙트럼 세계 사상

여성에 대하여 ─ 그리고 성, 사랑, 결혼에 관한 3부작

제1판 제1쇄 2021년 4월 16일

지은이   드니 디드로
옮긴이   주미사
펴낸이   이광호
주간   이근혜
편집   홍근철 박지현
펴낸곳   ㈜**문학과지성사**
등록번호   제1993-000098호
주소   04034 서울 마포구 잔다리로7길 18 (서교동 377-20)
전화   02) 338-7224
팩스   02) 323-4180(편집) 02) 338-7221(영업)
전자우편   moonji@moonji.com
홈페이지   www.moonji.com

ISBN 978-89-320-3831-5 03160

차례

일러두기

1. 이 책은 Denis Diderot의 "Sur les femmes"와 "Ceci n'est pas un conte" "Madame de la Carlière," 그리고 *Supplément au Voyage de Bougainville ou dialogue entre A et B*를 우리말로 옮긴 것이다. *Œuvres*(éd. André Billy, Gallimard, 1969)와 함께 각각 「여성에 대하여Sur les femmes」는 *Œuvres philosophiques*(éd. Laurent Versini, Robert Laffont, 1994)를, 「이것은 콩트가 아니다Ceci n'est pas un conte」「드라카를리에르 부인Madame de la Carlière」은 *Œuvres romanesques*(éd. Henri Bénac, Garnier, 1962)를, 『부갱빌 여행기 부록 혹은 A와 B의 대화*Supplément au Voyage de Bougainville ou dialogue entre A et B*』는 *Œuvres philosophiques*(éd. Paul Vernière, Garnier, 1956)를 대조하며 번역하였다. 특히 「여성에 대하여」는 두 판본이 매우 달라 주로 후자의 것을 토대로 했다.

2. 인명, 지명 등 고유명사의 외래어 표기는 국립국어원 외래어 표기법에 따랐다.

3. 이 책의 각주는 여러 판본을 토대로 옮긴이가 선별하여 새로 써 넣은 것이다.

여성에 대하여[*]

* 1772년 디드로는 그림이 편집하던 『문학 통신』에 이 글의 일부를 보낸다. 이것은 서평일 뿐이었지만 대단히 격정적이고 열광적으로 씌어 있다. 토마가 쓴 여성론에 나타난 메마른 문체를 비판하면서 실례로 여성론은 어떻게 씌어야 하는지를 보여주려는 의도가 담겨 있는 듯하다.

나는 장 토마[1]를 좋아한다. 그의 확신에 찬 영혼, 고결한 성격을 존경한다. 그는 정말 똑똑하고 훌륭한 사람이다. 보통 사람이 아니다. 하지만 그가 쓴 「여성에 관한 소고」로 판단해볼 때 그 사람은 우리 남성을 위무하면서 여성들이 겪는 고통이나, 그들이 우리에게 베풀어주는 쾌락 앞에서 내가 받았던 감동을 느껴본 적은 없던 것 같다. 많이 생각했지만 충분히 느끼지는 못한 듯하다. 머리로는 고생했을지 모르나 마음은 여전히 평온한 상태라고나 할까.

나라면 더 편파적으로, 덜 이성적으로 쓸 것 같다. 여성은 우리의 감정에 자신도 감정으로 답하고, 우리를 행복하게 해줌으로써 자신도 행복해지는 유일한 존재다. 이러한 여성에 대해 나였더라면 더 큰 관심과 열정으로 몰입할 것 같다. 대여섯 페이지 정도 시적인 이야기를 여기저기 흩뿌려놓았을 것이다. 그렇게 하면 섬세한 관찰의 연속성이 깨

---

1 장 토마(1732~1785). 아카데미 프랑세즈 회원.

질지는 모르지만, 바로 그 때문에 작품은 매력 있게 될 것이다. 하지만 그는 그의 책이 전적으로 성性과는 관계없는 것이 되길 바랐던 것 같다. 그리고 불행하게도 그 점에서 지나치게 성공했다. 그 바람에 남성의 근력도 여성의 유연함도 없는 이상한 자웅동체를 만들어냈다. 하긴 오늘날 이만큼이나마 박학다식함과 이성과 섬세함과 문체와 하모니가 드러나는 작품을 쓸 수 있는 작가도 드물 것이다. 하지만 그 글에는 강할 때와 약할 때가 극단적으로 대조되는, 여성이란 존재의 한없는 변화무쌍함에 어울릴 만한 다양성과 유연성은 부족해 보인다.

쥐나 거미를 보고도 기절하는 여성이, 삶과 죽음이 교차되는 공포의 순간에는 오히려 매우 용기 있는 모습을 보여준다. 여성들이 특히 흔들릴 때는 바로 사랑의 정열이나 질투가 밀려올 때, 혹은 모성애가 분출되거나 미신에 빠질 때다. 또한 매우 전염성 강하고 대중적인 공감을 나눌 때다. 그럴 때 여성들은 클롭슈토크[2]의 최고 천사들처럼 아름답고 밀턴의 악마들처럼 끔찍해진다. 나는 여성에게서 사랑과 질투와 미신과 격노의 감정이 남성이라면 결코 경험해보지 못할 정도로 치닫는 것을 보았다.

때때로 온화함과 격정이 극렬하게 부딪칠 때 여성은 흥

---

2 프리드리히 고틀리프 클롭슈토크(1724~1803). 독일 시인.

측스러워진다. 또 그로 인해 여성은 더 망가진다. 급박하고 수선스러운 일상의 소일거리는 우리 같은 남성들의 정념을 끊어놓곤 한다. 하지만 여성들은 정념을 언제나 품 안에 간직한다. 하는 일을 보면 무심하고 가벼워 보여도 그 시선은 끊임없이 하나의 지점에 고착되어 있다. 그런데 이 지점은 또한 무한대로 퍼져간다. 열정에 사로잡힌 여성이 절대 고독을 추구하며 미쳐가는 건 한순간이다.[3] 마음에 들지 않는 주인에 대한 복종은 여성에게 고문이다. 나는 자기 남편이 가까이 다가오는 것만으로도 공포에 질리는 어느 정숙한 여성을 본 적이 있다. 나는 그녀가 목욕물에 몸을 담그는 것을 보았는데, 그녀는 의무를 행하느라 더럽혀졌기에 절대로 깨끗해질 수 없다고 생각하고 있었다.

우리 남성들은 이런 종류의 혐오감을 잘 모른다. 우리의 신체 기관은 보다 너그럽다. 많은 여성들이 관능의 극한을 모른 채 죽는다. 불러들이면 쉽게 달려오는 간헐적 발작과도 같은 격류가 여성에게서는 드물다. 사랑하는 남성의 품에 안겨 있을 때도 천상의 행복감은 그녀들을 피해 달아난다. 맘에 별로 들지 않는, 그러나 교태 부리는 여성 옆에

---

3 디드로의 『수녀』는 원치 않는 서원을 통해 수녀가 된 주인공이 겪는 여성 히스테리의 목록이라 할 수 있다. 실제로 그에게는 젊어서 수녀가 되었다가 일찍 죽은 여동생이 있었다.

있을 때 우리 남성은 행복할 수 있다. 그러나 여성은 우리보다 감각의 지배를 덜 받기에, 그 보상은 즉각적이지 않고 확실하지도 않다. 그녀들의 기대는 백번도 더 배반당한다. 신체 조직이 우리와는 전혀 다른 여성에게서 관능을 끌어내는 동기는 매우 미묘하고, 그것의 원천 또한 서로 매우 동떨어져 있는 까닭에, 관능성이 아예 나타나지 않거나 없어지는 건 전혀 이상한 일이 아니다. 만약 어떤 여성이 사랑을 저주한다면 그 여성에게서 매력이 없어졌다는 이야기다. 어떤 남성 문인이 독자 평가의 가치를 깎아내린다면 그한테서 재능이 없어졌다는 이야기인 것처럼.

남성은 결코 델포이 신전에서 신성한 제단에 앉아 있을 수 없다. 그곳에서 아폴론 신의 신탁을 받는 사제 역할은 여자에게만 어울린다. 여성의 머리만이 신의 강림을 진지하게 예감하는 수준으로까지 고양될 수 있다. 그때 여성은 머리를 풀어헤치고 정신이 나간 채 거품을 뿜으면서 "나는 느낀다, 나는 느낀다, 바로 저기 신이 오신다"고 외치며 진리의 말씀을 발견한다. 또 사상뿐 아니라 표현 자체가 매우 열렬했던 어떤 은자[4]는 당대의 이교 창설자들에게 말했다. "여자들에게 말하세요. 여자들은 금방 받아들입니다, 무식하기 때문에. 쉽게 퍼트립니다, 가볍기 때문에. 오래도록 지지할

4 성자 제롬.

겁니다, 고집스럽기 때문에."

여성이 숨기기 시작하면 결코 속을 알아낼 수 없다. 복수는 잔인하게 하고, 그 계획은 확실히 지속시키고, 계획을 성공시키기 위해 방법이 무엇이든 개의치 않는다. 여성들 사이에서는 남성의 독재에 대한 깊고 비밀스러운 증오심으로 인해, 모든 나라 사제들에게서 보이는 일종의 공모, 일종의 연합이 잘 나타난다. 여성들은 서로 말해보지 않고도 뭐가 문제인지 잘 알아낸다. 본성적으로 호기심이 많은 여성들은 선한 목적으로 이용하기 위해서든 악용하기 위해서든 모든 것에 대해 알고 싶어 한다. 혁명기 여성들은 호기심에서 당의 지도자들에게 몸을 판다. 그 속내를 간파하는 사람은 여성에겐 견딜 수 없는 적수다. 만약 당신이 여성을 사랑하게 되면 여성은 당신을 멀리하고, 사라져버린다. 만약 당신이 그녀들의 야심 찬 시선을 받는다면, 그녀들은 마음 깊은 곳에서 어느 시인이 록산의 입에 올렸던 말을 혼잣말로 하고 있는 것이다.

내 모든 사랑에도 불구하고 오늘 안에
마땅히 그가 나와 결합하지 않는다면
그가 감히 내게 가증스러운 율법을 내세운다면
내가 그 사람에게 모든 것을 해주는데, 그는 내게 무조건 모두 다 해주지 않는다면

바로 그 순간부터 나는 내가 그를 사랑하는지 아닌지 생각하지 않고
내가 파멸할지 안 할지 고려해보지도 않고서
그 파렴치한을 버리고
내가 그를 꺼내주었던 바로 그 고통의 상태 속으로 다시 돌려보내리라.[5]

덜 우아한 다른 시인이 한 여성에게 하는 다음과 같은 말은 모든 여성들이 들을 만하다.

그렇게 해서 당신 같은 여자들은 늘 스스로의 미망에 사로잡혀
자신들의 제국을 유지할 수 있었고
그대는 결코 사랑하지 않았고 당신의 무례한 심장은
사랑에 끌리기보다는 연인을 유혹하는 일에 더 골몰했겠지.
당신이 지배자의 위치에 있으면 모든 것이 좋아 보일 것이오.
하지만 당신이 보내는 시선의 권능에 그가
명예와 의무와 정의와 믿음을 희생하지 않는다면

5 장 라신, 「바자제」, 1막 3장.

당신은 가장 지체 높은 연인조차 멸시할 것이오.[6]

당신을 속임으로써 얻는 이득이 커지는 경우, 여성들은
열정의 도취를 가장한다. 심지어 스스로를 내맡기지 않으면
서도 도취의 순간을 경험하기도 한다. 스스로를 내맡기는
듯한 순간이 바로 여성들이 계획대로 일을 진행하는 순간이
다. 여성들은 마음에 드는 일을 할 때 남성보다 돋보이게 잘
한다. 자부심은 우리보다 여성에게서 훨씬 더 큰 문제를 일
으킨다. 사모예드 족의 어떤 젊은 여성이 옷을 벗어 들고 칼
춤을 추고 있었다. 그녀는 스스로를 찌르는 것 같았다. 하지
만 기이할 정도로 빠르게 자신을 찌르면서 동시에 그 칼을
피하고 있었다. 그렇게 함으로써 신이 자기를 상처 입어도
끄떡없는 존재로 만들어준다고 자기 동족들로 하여금 믿게
하고 있었다. 그녀의 신성은 바로 거기 그렇게 있는 것처럼.
몇몇 유럽인 여행자들이 이 종교무宗敎舞를 관람했다. 그녀
는 분명 아주 능숙한 곡예사에 지나지 않았지만 신속한 움
직임으로 그들의 눈을 속였다. 다음 날 그들은 한 번 더 해
달라고 부탁했다. 그녀가 대답했다. "아니요. 저는 추지 않
겠어요. 신께서 원하지 않으십니다. 그런데도 춘다면 저는
다치고 말 겁니다." 그래도 사람들은 한사코 우겼다. 그곳

---

6 프로스페르 졸리오 드 크레비용, 「카틸리나」, 2막 1장.

주민들도 유럽 사람들과 함께 그녀에게 요구했다. 결국 그녀는 췄다. 정체가 밝혀졌고 스스로도 그 사실을 알아차렸다. 순간 그녀는 땅에 쓰러졌다. 그녀가 갖고 추던 칼이 그녀의 배 속에 푹 박혀 있었다. 그녀를 부추긴 사람들에게 그녀는 말했다. "제가 다 미리 말했잖아요. 신이 그것을 원치 않는다고, 그래서 다칠 거라고……" 그녀가 수치심에 빠지느니 죽는 게 낫다고 생각했던 건 내게 놀랍지 않았다. 오히려 회복되도록 그냥 놔둔 점이 놀라울 뿐이었다.

오늘날 우리는 한 무리의 여성들이 중세 교회의 어린이 부상 방지용 모자bourrelet를 쓰고 무대에 올라서서는, 그중의 누군가가 어린이 성자 역할을 연기하면서 내는 소리를 듣지 않던가? 손과 발은 십자가 위에 못 박히고 옆구리는 창에 찔린 채, 사지에서 식은땀을 흘리면서 죽음의 베일로 흐릿해진 눈을 하고서, 그 광신자 무리의 지도자에게 고통의 발작 한가운데 있는 사람 역할에나 맞을 어조로 '아버지, 잠들고 싶습니다'라고 고통스러운 목소리로 말하는 게 아니라 어린아이 목소리로 '아빠, 나 코 자고 싶어'라고 말하는 것을 말이다. 이런 힘과 정신력을 지닌 남자가 하나라면 여자는 백 명쯤 된다. 바로 그 여자가, 혹은 그녀의 동료 한 사람이, 집게로 자신의 두 발에 박혀 있던 못을 빼주는 젊은이를 부드럽게 쳐다보면서 말했다. "우리에게 기적의 능력을 주시는 신께서 우리에게 언제나 은덕을 주시는 건 아니거든요."

스탈 부인[7]은 그녀가 모시던 멘 공작부인과 함께 바스티유 감옥에 갇혔다. 스탈 부인은 멘 부인이 이미 모두 자백했다는 걸 알게 되자 울고, 바닥을 구르면서 소리쳤다. "아! 우리 가엾은 여주인이 미쳐버리셨구나!"

남자한테서는 이와 비슷한 걸 조금도 기대하지 마시라. 여성은 강력한 오르가슴을 느낄 수 있는 기관을 자신 안에 갖고 있다. 혼자만의 상상 속에서도 온갖 환영들을 자유자재로 만들 수 있다. 또 히스테릭한 착란 속에서 과거로 되돌아가거나 미래 속으로 몸을 맡기거나 모든 시간이 현재인 것처럼 착각할 수도 있다. 바로 여성에게 고유한 그 기관으로부터 여성의 그 모든 이상한 생각들이 발원한다. 젊은 시절 히스테릭한 여성은 나이가 들면 신앙심 깊은 여인이 된다. 나이 들어서 약간의 기력밖에 안 남아 있는 여성이 젊은 시절에 히스테릭했던 바로 그 여성인 것이다. 감각이 죽어 있을 때조차 그녀의 머리는 여전히 감각의 언어를 구사할 수 있다. 환희나 비전, 예언, 계시, 정열적인 시, 히스테리만큼 서로 밀접하게 연관되어 있는 것들도 없다.

프로이센 여인 카르슈는 불꽃처럼 타고 있는 하늘을 바라보다가 구름 속에서 신을 본다. 그녀는 신이 검은 옷자락

---

7 여기서 스탈 부인은 『독일론』과 『문학론』으로 유명한 스탈 부인Madame de Staël이 아니라 또 다른 스탈 부인Madame de Staal이다.

과도 같은 벼락을 치는 것을 본다. 무신론자의 머리를 찾기 위해서. 그러면 그녀는 무신론자의 머리를 본다. 그때 자기 두뇌 속에 갇혀 있던 것이 대기 중으로 올라가는 것처럼 느낀다. 그녀의 영혼은 신성의 가슴속으로 퍼져나간다. 그녀의 진수는 신의 그것과 합쳐진다. 그녀는 기절하고 죽어간다. 그녀의 가슴은 빠르게 고양되고 또 가라앉는다. 그녀 주위에 모인 동료들은 그녀의 옷을 여미고 있던 옷끈을 끊는다. 밤이 온다. 그녀는 하늘의 합창을 듣는다. 그녀의 목소리는 그 연주 소리에 합쳐진다. 이어서 그녀는 다시 땅에 떨어진다. 그녀는 필설로 다할 수 없는 기쁨에 겨워 말한다. 사람들은 그녀의 말에 귀를 기울인다. 그녀는 확신에 차 있다. 그녀는 설득한다.

히스테리에 지배되는 여성은 내가 잘 알지 못하는 지옥이나 천당을 경험한다. 그런 여성은 가끔 나를 공포에 떨게 한다. 야수의 격노가 그녀를 점령하고 있다. 나는 그런 상태의 여성에 대한 이야기를 들었고 직접 보기도 했다. 여성은 얼마나 잘 느끼고 표현하는지! 그녀가 말하는 것은 인간의 말이 아니다. 기용은 『급류』라는 책에서 어디서고 전범을 찾을 수도 없는 웅변적인 언사들을 보여준다. 성 테레즈는 귀신들에 대해 이렇게 말한다. "얼마나 그들은 불행한가! 그들은 사랑을 조금도 모르는구나!" 타락한 남성의 위선이 정적주의로 나타나는 반면, 여성의 진실한 종교는 따뜻하다

(하지만 성격상 정직하고 아주 드문 정도의 단순한 삶을 사는 남자도 있긴 하다. 어떤 사랑스러운 여인도 별 문제 일으키지 않고 그에게 스스로를 잊은 채, 신에게 심중을 털어놓듯 이야기할 수 있다. 이런 남자는 유일무이하다. 그는 페늘롱[8]이다).

알렉산드리아의 거리를 걸어가고 있는 한 여성이 있었다. 그녀는 헝클어진 머리에 맨발을 한 채, 한 손에는 횃불을, 한 손에는 물병을 들고 있었다. 그녀가 말했다. "이 횃불로 하늘을 불태우리라. 이 물로 지옥의 불을 꺼트리리라. 인간이 오로지 신 자체를 위해서만 신을 믿을 수 있도록." 이런 역할은 여성만이 할 수 있다. 하지만 억제할 수 없을 것 같이 보이는 이러한 격앙된 상상력과 정신력도 말 한마디면 무너진다. 어떤 의사가 지독한 우울증으로 고통받고 있는 보르도 여성들에게 그러다 늙는다고 말했다. 그러자 그들은 나았다. 또 어떤 의사는 걸핏하면 기절하는 젊은 여성들의 눈에다 대고 뜨거운 인두를 흔들었다. 그러자 그들은 나았다. 밀레의 재판관들은 자살하는 여자는 공공장소에 발가벗긴 채로 두겠다고 선언했다. 그러자 밀레의 여성들은 인생과 화해했다. 여자 하나가 다른 수많은 여성들을 끌어들일 수 있다. 여성들은 쉽사리 집단적으로 잔혹해진다. 첫번째만 죄인이고 뒤따르는 여자들은 병자다. 오 여성이여, 당

---

8 프랑수아 페늘롱(1651~1715). 프랑스의 사제이자 작가.

신들은 얼마나 이상한 아이들인지!

약간의 부드러움과 감성만 있으면(여보시오, 토마 씨, 당신에게도 아주 낯설지는 않은 이 두 자질들을 그냥 내버려 두지 않겠소?), 여성들을 묘사하면서 우리 스스로 영향을 받아 연민을 느끼게 되지 않을까! 여성들은 어린 시절 우리처럼 허약하지만, 더 부자연스럽고 무성의한 교육을 받는다. 또한 우리와 똑같이 운명의 변덕과 더욱 가변적인 영혼과 더 민감한 기관들에 노출되어 있으면서도, 우리에게 주어진 선천적이거나 후천적인 단단함은 없다. 성년이 되면 아무 말도 못 하고 누군가의 배우자이자 어머니가 되는 불편함을 겪는다. 처녀 때 슬프고 불안하고 우수에 젖은 그녀들 곁에는 딸의 건강과 생명뿐 아니라 성격에 대해서도 노심초사하는 부모들이 있다. 왜냐하면 바로 이 중요한 때에 한 어린 소녀가 사려 깊은 여성이 될지 어리석은 여성이 될지, 비련의 여성이 될지 쾌활한 여성이 될지, 진지한 여성이 될지 경솔한 여성이 될지, 착한 여성이 될지 못된 여성이 될지, 엄마의 희망을 배반하는 여성이 될지 만족시켜주는 여성이 될지가 결정되기 때문이다. 오랜 시간 동안 매달 똑같은 병이 계속해서 여성을 찾아온다. 부모의 통제로부터 벗어나는 때가 되면 여성의 상상력은 공상으로 가득한 미래로 열린다. 그들의 심장은 비밀스러운 즐거움 속에서 유영한다. 부디 그때 잘 즐기길, 불행한 존재여. 시간은 부모님의 통제를 점차 줄여 너는 거기서 벗어나게 될 것이다. 하지만 시간은 또한 네가 겪어야 할 또 다른 통제를 계속해서 늘려줄 것이다. 사람들이 그녀에게 남편을 골라준다. 그녀는 어머니가 된다. 임신 상태는 거의 모든 여성들에게 고통스럽다. 여성은 괴로움과 생명의 위협을 겪으면서, 또 여성으로서의 매력을 희생하고 건강도 해쳐가면서 아이를 낳는다. 여성의 성징이자, 아이에게 최초의 거처이면서 먹거리를 제공하는 저장고인 두 가슴은 다른 한편 치료하기 힘든 두 가지 고통에서 벗어날 수 없다. 갓 태어난 아이를 보는 어머니의 기쁨에 비할 만한 행복감은 아무 데도 없을 것이다. 하지만 이 순간을 위해 여성은 몹시 비싼 값을 치른다. 아버지는 남자아이들을 하인들에게 맡기고 숨을 돌릴 수 있지만 어머니는 끝까지 딸들을 돌보아야 한다. 나이가 들면 여성에게서 아름다움은 사라지고 자포자기와 우울과 권태의 시기가 온다. 자연은 몸의 불편함이란 형벌을 지우면서 여성을 어머니로 만들어준다. 자연은 이 길고도 위험한 질환을 통해 여성들에게서 존재의 권한을 빼앗는다. 그럴 때 여성이란 무엇이겠는가? 남편에게서 무시당하고 아이들에게서 버림받고 사회 속에서 아무것도 아닌 여성에게는 독실한 신앙만이 최후의 유일한 자산이 된다.

거의 모든 나라들에서 여성에게 부과하는 계율의 가혹함은 자연의 가혹함에 덧붙여져 있다. 여성들은 마치 모자란 아이들처럼 취급받아왔다. 문명국에서 남성이 여성에게 가하지 못하는 억압과 모욕이란 없다. 여성이 마음대로 할 수 있는 것이라고는 복수밖에 없다. 하지만 이것은 가정의 불화를 초래하고, 나라가 점차 이런저런 풍습을 갖춰감에 따라 갖가지로 경멸을 받게 된다. 원시인이 여성에게 가하지 못하는 모욕도 없다. 여성은 도시에서 불행하고 깊은 숲 속에서는 더 불행하다. 오리노코 강변의 어느 인디언 여인의 말을 들어보라. 그녀의 말을 듣고도 마음이 움직이지 않을 수 있을까. 딸을 낳자마자 배꼽을 지나치게 짧게 끊어 죽게 했다고 그녀를 꾸짖는 예수회 선교사 구밀라에게 그녀는 말한다. "신부님, 제 어머니가 저를 낳았을 때 자식인 제가 그 후로 겪었던, 그리고 죽을 때까지 앞으로 겪어야 했을 그 모든 것들을 사랑과 연민으로써 면제해주었더라면 좋았을 텐데요! 제가 태어나는 순간 제 어머니가 저를 질식시켰다면 전 죽었을 테지요! 그러면 죽음을 느끼지도 못했을 거예요. 살면서 가장 불행한 상황들을 겪지 않아도 되었겠지요. 제가 얼마나 고통받았는지! 또 제가 죽기 전까지 겪어야 할 일들이 무엇일지 누가 알까요? 신부님, 인디언들이 사는 곳에서 인디언 여자 하나가 감당해야 할 고통들이 뭔지 한번 말해볼게요. 남자들은 들에 갈 때 활과 화살을 들고 우리를 데려갑니다. 우리는 두 가슴엔 아이를 달고, 등에는 또 다른 아이를 업고 따라가지요. 남자들은 새를 죽이고 물고

기를 잡지만 우리는 땅을 일굽니다. 농사 짓느라 갖가지 어려움을 참아낸 뒤엔 수확의 어려움을 또 견뎌내야 합니다. 저녁에 남자들은 어떤 짐도 없이 돌아오지만 우리는 그들이 먹을 것과 마실 것을 들고 옵니다. 집에 오면 남자들은 친구들과 어울리지만 우리는 곧장 저녁 지을 나무와 물을 구하러 가지요. 그들은 먹고 나서 잠자면 그만이지만 우리는 옥수수 껍질을 까거나 그들에게 줄 시카를 만들면서 거의 밤을 다 새웁니다. 이 밤샘 노동의 보상은 뭐죠? 그들은 시카를 마시고 취하고, 취하면 우리 머리채를 잡고 우리를 발밑에 때려눕힙니다. 아 신부님! 제가 태어나자마자 어머니가 그냥 목 졸라 죽였으면 좋았을 텐데요. 신부님도 우리의 하소연이 맞다는 걸 잘 아실 겁니다. 제가 말한 이런 일은 매일 신부님이 보는 일이니까요. 하지만 우리의 가장 큰 불행이 무엇인지 신부님은 모를 겁니다. 인디언 여자가 남편에게 들판에선 노예처럼 땀을 흘려 봉사하고 집에선 휴식으로 봉사하는 건 참 슬픈 일이랍니다. 하지만 결혼하고 20년쯤 지나 남편이 철없는 젊은 여자를 데려오는 걸 눈앞에서 보는 일이야말로 너무나 끔찍하지요. 남편은 그녀에게 찰싹 달라붙지요. 그녀는 우리를 때리고 우리의 아이들을 때리고 명령하고 노예처럼 부립니다. 약간이라도 투덜거리면 이내 매를 들어 올리죠…… 아, 신부님. 어떻게 우리가 이런 상태를 그냥 참아내기를 바라시나요? 인디언 여자가 자기 딸을 죽음보다 천 배는 심한 종살이로부터 면해주는 일보다 그 딸에게 해줄 수 있는 좋은 일이 또 있을까요? 신부님, 거듭 말하지만 제가 태어나자마자 어머니가 저를 땅에 묻어줄 만큼만이라도 저를 사랑했더라면 좋았을 걸 그랬습니다. 그랬으면 제 마음이 이토록 고통스럽지 않아도 되었을 거고, 눈물을 흘릴 일도 없었을 거 아닌가요." 여인이여, 나는 당신이 가엾구나! 당신의 불행에 대한 단 하나의 보상이 그것뿐이라니. 내가 입법권을 가졌더라면 당신은 그것을 얻었을 텐데. 모든 예속 상태로부터 벗어나 당신들이 태어난 그곳에서 희생되게 해줄 텐데.

마리아나 제도를 제외하고 모든 곳에서 여자들은 남자들에게 복종한다.[9] 이 예외는 역사가들의 공통된 증언에 의거하는데 그것은 잘 알려져 있는 자연의 일반적이고 영구적인 법칙과 반대된다. 나도 따라야 한다면 다른 법칙에 의거해야 할 것이다. 그곳에서는 여성들이 남성들보다 월등하다. 지성만이 아니라 체력에서도 그렇다. 미신적 도그마가 사람들을 신성불가침으로 만들지 못하는 한, 한 가지만이라

---

9 이후의 여섯 문단은 플레이아드Pléiade판에는 없으나 라퐁Laffont판에 수록되어 있는 것으로, 레이날(1713~1796)의 『두 인도의 역사Histoire des deux Indes』 제6권 22장에서 가져온 첨가 부분이다. 레이날은 여러 필자의 도움으로 이 책을 출간하였고, 디드로는 이 책의 거의 3분의 1을 쓴 것으로 추정된다. 디드로는 1780년에 이 부분을 「여성에 대하여」에 덧붙였다.

도 미심쩍다면 나는 다른 것들도 부정할 것이다. 왜냐하면 미신이 변질시키지 않는 것은 아무것도 없으며, 미신이 만들지 못하는 괴상한 관습도 없고, 미신이 강화시키지 못하는 것도 없으며, 미신이 끌어내지 못할 희생도 없기 때문이다. 미신이 인간에게 '신께서 네가 자해하기 원하노라' 하면 인간은 자해할 것이다. 미신이 '신께서 네가 네 아들을 죽이기 원하노라' 하면 그는 아들을 죽일 것이다. 마리아나 제도에서 미신이 '신께서 네가 여자 앞에서 기어 다니길 원하노라' 하면 남자들은 여자 앞에서 길 것이다. 미와 재능과 예지는 원시사회든 문명사회든 세상 어디서고 여자 앞에서 남자가 꼼짝 못 하게 할 수 있다. 그러나 몇몇 여성들에게 그런 강점들이 부여된다고 해서 신체적으로 강한 성을 약한 성이 보편적으로 확실하게 지배할 수 있는 것은 아니다. 여성이 전 국민을 지배하는 나라에서조차 남성은 여성을 지배한다. 어떤 종류의 권위도 우리로 하여금 부조리를 믿게 하지 못한다. 그런데 기억 안 나는 어떤 서비스를 해준 덕분에, 여성들이 권위를 누릴 만하게 된다면! 제기랄. 남자들은 첫날은 고마워할지 모르지만 다음 날만 되어도 은혜를 모를 것이다.

여성이 문명국에서 종속되어 있다면 원시 국가와 모든 야만적인 지역에서는 억압받고 있다. 그런 곳에서는 모든 것이 필요에 따르고 그 안녕과 유지만이 중요한 것으로 치부된다. 사랑의 기쁨도 오로지 종의 영속성을 중시하는 자연의 희망에 의해서만 촉발된다. 두 성의 결합은 보통 우연적으로 이뤄진다. 부정과 모정이 사랑의 열매를 보호하기 위해 배우자들을 결합시켜놓지 않는다면 원시사회에서 견고하게 유지되기 어렵다. 맏이가 자립할 수 있기 전에 다른 아이들이 태어나고 그들도 똑같이 돌보지 않을 수 없다. 마침내 더 이상 그 사회적 원인이 존재하지 않게 되는 순간이 온다. 오래된 습관의 힘, 이럭저럭 많은 수의 가족들에 둘러싸여 있는 스스로를 바라보는 만족감, 말년에 후손들이 봉양해주리란 희망, 이 모든 것들은 두 사람이 헤어지고자 하는 생각과 의지를 없앤다. 같이 사는 데서 더 큰 이득을 취하는 것은 남성들이다. 힘 있고 용기 있는 자만 인정하는 사회에서 신체적으로 허약한 사람들은 남들에게 보호받는 대가로 늘 복종을 강요당한다. 그런 곳에서 여성들은 치욕 속에 산다. 비천하게 여겨지는 일들은 주로 여성들의 몫이다. 무기나 노를 다루는 데 익숙해진 손들은 실내에서 하는 일들이나 농사일마저 하찮게 생각한다.

유목민 여성들의 경우 덜 불행하다. 좀더 안정적인 삶의 조건이 여성에게 좋은 쪽으로 좀더 배려하도록 하기 때문이다. 그들은 안락과 여유를 누리며 미에 대한 이미지를 만들어낼 줄 알고 욕망의 대상에게도 어떤 선택권을 제시할 줄도, 육체적 욕망에다 가장 고상한 감정의 욕망을 덧붙일 줄도 안다.

농경 시대가 시작되자마자 두 성의 관계는 완성된다. 원시인들에게 없었고 유목민들에게 적었던 소유의 관념이 농경민들에게는 중요한 것이 된다. 사유재산에 불평등이 생겨나고 중요한 고려 대상이 된다. 결혼은 더 이상 우연히 맺어지는 게 아니다. 그들은 서로 잘 어울리길 원한다. 결혼 상대자로 받아들여지기 위해서는 우선 마음에 들어야 한다. 그런 필요성이 여성에게 경의를 표하게 하고 여성에게 어떤 권위를 준다.

여성들은 예술 창조와 교류에 새로운 중요성을 발견한다. 그래서 갖가지 일들이 늘어나고 관계들은 복잡해진다. 남성들은 관계가 늘어나면 종종 직장이나 집과 멀어지기에, 자신들의 재능에 여성들의 감시가 덧붙여질 필요가 있다고 느끼게 된다. 연애벽, 사치벽, 낭비벽 등이 있다 해서 어렵거나 진지한 일들을 꺼리지는 않는 까닭에, 여성들은 스스로 영광스럽게 생각하는 일들에 주저 없이 아주 성공적으로 뛰어들어간다. 그러나 그런 종류의 삶은 결국 은퇴를 요구하고, 여성들에게는 가정의 그 모든 미덕을 실행하는 게 아주 소중하고 친숙한 일이 된다. 그들을 둘러싸고 있는 권위와 존경과 애착은 매우 존경받을 만한 그 행위에 대한 보답이다.

마침내 물자가 풍부해져서 노동을 혐오하는 시대가 온

다. 주된 관심은 권태를 방지하고 즐거운 일을 늘리고 쾌락을 연장하는 것이 된다. 이 시기에는 타고난 것이든 교육받은 것이든 사랑스러운 자질들을 갖고 있는 여성들에 대한 구애가 극도로 늘어난다.

여성에 대하여 쓸 때는 무지개에 펜을 적시고 나비의 날개 가루를 흩뿌려야 할 것이다. 사람들이 발을 건드릴 때마다 필히 눈물을 떨구는 순례자의 강아지처럼. 그런데 토마 씨는 여성에 대해 쓰면서 조금도 눈물을 흘려보지 않았을 것 같다. 토마 씨, 여성에 대해서 말하는 것, 잘 말하는 것만으론 부족하오. 내가 본 것을 써보시오. 당신의 눈앞에 풍속과 관습의 미세한 변화를 감지하는 온도계로서 여성들을 걸어두시오. 할 수 있는 한 가장 공정하고 공평하게 남성과 여성의 특권들을 확인하시오. 하지만 성찰과 원칙이 없이 그 무엇도 여성을 이해했다는 깊은 확신에 이를 수 없다는 점을 잊지 마시길.

정의, 선과 악, 선량함과 사악함에 대한 관념들이 여성의 영혼 표면에 떠다닌다. 여성들은 주어진 모든 힘을 다해 자기애와 개인적 이익을 지킨다. 겉으로는 보다 문명화한 것 같지만 속으론 정말 원시 상태에 있으며 모두 마키아벨리스트들이다. 여성의 보편적 상징은 묵시록의 그것과 같다. 그 이마에는 '신비'라는 단어가 씌어 있다. 우리에게 견고한 벽이 막혀 있다면 그녀들에게는 거미줄 한 가닥만이

쳐져 있을 뿐이다. 사람들은 여성들이 친절함을 위해 만들어진 게 아닌가 생각한다. 그러나 여자이지만 남자 같은 사람들이 있고 남자이지만 여자 같은 사람들도 있다. 고백하자면 나는 남자 같은 여자와는 친구 삼지 않겠다. 우리가 여성들보다 이성적이라면 여성들은 우리보다 직관이 뛰어나다. 사람들이 그들에게 가르치는 단 한 가지는 그저 최초의 조상에게서 받은 무화과 잎을 잘 간직하라는 것이다. 그들이 열여덟, 열아홉 살이 된 다음 계속 반복해서 듣는 말도 이 말로 요약된다. "내 딸아, 무화과 잎을 간직해라. 네 무화과 잎이 잘 있는지, 잘 있지 않은지 주의해라." 하지만 연애를 조장하는 사회에서 가장 실감되지 않는 것이 혼인 서약의 가치다. 거기서 남녀는 향락의 거래를 볼 뿐이다. 하지만 그토록 가볍게 말하고 그토록 가볍게 해석되는 '사랑합니다'란 말의 뜻은 무엇일까? '당신이 나에게 당신의 순수함과 원칙을 희생하겠다면, 당신이 스스로에게서 또 타인들로부터 받고 있는 존경은 포기하시오. 사교계 속으로 눈을 내리깔고 걸어 들어가, 적어도 방탕이 습관 되어 뻔뻔함을 얻는 데까지는 나아가시오. 정숙한 상태는 모두 포기하시오. 부모님을 고통 속에서 죽게 하시오. 나에게 한순간의 쾌락을 바치시오. 나는 진정 당신이 그렇게 할 만한 사람입니다.' 어머니들이여, 이 말을 딸들이 읽게 하기를. 이것은 사람들이 그들에게 바치는 그 모든 아첨의 말들이 원래 무슨 뜻인지 해석해놓은 것이다. 그렇다고 해서 너무 일찍부터 미리 말해 줄 수는 없다. 그렇지 않아도 사람들은 정사에 많은 중요성을 부여한다. 한발 들여놓은 여성에게는 더 이상 어떤 덕도 남아 있지 않은 듯하다. 거짓 독신자나 나쁜 사제에게 불신이 타락의 징표인 것처럼, 큰 죄를 저지른 다음, 그들은 아무것도 두려워하지 않을 수 있다.

성적 방종은 그 자체로는 용서 가능하고 본성상 별것 아닌 행위일 수 있으며 매혹당하는 일로부터 자유롭기 어려운 것도 사실인데 여성들의 도덕에서는 왜 그토록 치명적인 영향력을 갖는가.[10] 내 생각엔 우리가 여러모로 그것에 중요성을 부여하기 때문인 것 같다. 그녀 자신과 주변 사람들의 눈에 이미 명예가 더럽혀진 여성을 제어할 수 있는 게 도대체 무엇일까? 더 키울 수치심도 없어질 때 다른 미덕들이 저 마음 깊은 곳에서 어떤 의지처를 발견할까? 허약하고 소심한 존재는 여론의 경멸과 자기 자신에 대한 경멸을 거의 구별해내지 못한다. 악을 의식하면 영웅주의가 발동되지 않는다. 자신을 더 이상 존경하지 않는 여성은 모욕이나 칭찬에 곧바로 무감각해진다. 이 존경할 만한 두 환영이 없다면 그들을 지배하는 행실의 법칙이 어떻게 될지 나로서는 알 수

10 이후 여섯 문단 역시 플레이아드판에는 없으나 라퐁판에 수록되어 있다. 주9 참조.

없다. 그녀가 행한 희생을 덜어줄 수 있는 것은 쾌락의 격류 밖에 없다. 그녀는 그걸 느끼고 자신에게 그렇게 말한다. 공적인 평판이란 굴레를 뛰어넘으면 제한 없이 그것에 빠져든다.

여성은 스스로를 규정하는 일에 남성보다 어려움을 느낀다. 하지만 일단 자기편을 들기 시작하면 더 결연해진다. 미덕을 이겼을 때 그녀가 발로 짓밟지 못할 게 무엇이 있을까. 순진하던 시절 그녀의 말을 지배했고 그녀의 거동을 만들고 그녀의 치장을 지배했던 품위와 절제와 우아한 감정에 대해 그녀는 어떻게 생각할까. 부모님을 만족시켜드리고 배우자 마음에 들게 행동하던 건 그저 유치함과 소심함, 거짓된 순수함의 시시한 계략에 지나지 않는 게 된다. 다른 시대 다른 풍습에 속하는 게 된다.

타락이 그 무엇이든 그녀가 빠져드는 문란함과 비할 수 있는 건 아무것도 없다. 그녀의 허약함은 그녀에게 잔혹해질 용기는 허용하지 않는다. 하지만 관습적으로 위선을 떨어야 하는 역할을 하다 보니, 가면을 완전히 벗지 않는 한 여성의 성격에는 어떤 거짓의 흔적이 투여된다. 남성이 힘으로 얻는 것을 여성은 유혹과 계략으로 얻어낸다. 타락한 여성은 타락을 조장한다. 나쁜 선례로서 혹은 은밀한 조언을 하거나 조롱을 퍼부음으로써 타락을 조장하는 것이다. 타락한 여성은 모든 남자들을 향해 애교를 부리는 코케트리로 시작해서 갈랑트리로 나아간다.[11] 취향은 매우 변덕스럽다. 단 한 번만 열정에 사로잡혔던 여자보다는 아무런 열정도 못 느껴본 여자를 찾는 게 쉽다. 그녀는 아는 사람 모두를 연인으로 여기기에 이르고 필요에 따라, 또 그녀가 달려드는 그 모든 종류의 음모의 성격에 따라 그들을 불렀다 멀리했다 또 불렀다 한다. 그런 식으로 해서 좋은 시절을 즐길줄 알고 매력을 이용할 줄 알게 되는 것이다. 그들 중 한 여자는 이 기술을 아주 심오하게 익혔다. 그녀는 죽으면서 남자들을 속이기 위해 자진해서 했던 고생들을 후회하고 있었다. 또 가장 신사적인 사람들이 가장 잘 속더라고도 했다.

이러한 풍속의 제국 아래서 부부의 사랑은 무시당하고 이런 무시는 모성애적 감정을 아주 꺼트리지는 않는다 해도 약화시킨다. 가장 성스럽고 가장 다정한 의무들이 성가신 것이 되어버린다. 한번 무시하고 끊어버리면 자연은 그들을 다시 이어주지 못한다. 남편 아닌 남성의 접근을 허락한 여성은 가정을 더 이상 전처럼 사랑하지 못하고 그래서 존중하지도 않게 된다. 피의 끈은 헐거워진다. 출생은 불확실하고 아들은 더 이상 그 아버지를 모르고 아버지는 그 아들을

---

11 보통 코케트리coquetterie는 여성의 애교·교태를, 갈랑트리galanterie는 여성을 유혹하는 남성의 행동을 지칭하나, 이 맥락에서는 여성도 처음에 소극적 교태에서 시작하여 남성 못지않게 적극적 유혹으로 나아감을 설명하고 있다.

모른다.

그렇다. 갈랑트리의 여러 관계들이 풍속의 타락을 완성하며 공공연한 매춘보다 그 타락의 특징을 강화한다. 사제가 추문을 일으킬 때 종교는 사라지고 마찬가지로 결혼의 안식처가 없어질 때 미덕은 더 이상 쉴 곳이 없다. 부끄러움은 소심한 성의 안전판이다. 여성이 더 이상 얼굴을 붉히지 않는 곳에서 누가 부끄러움을 알까? 매춘이 간통을 늘리는 게 아니라 갈랑트리가 매춘을 퍼트린다. 자신들을 방탕의 불행한 희생자라고 불평했던 그 옛날의 모럴리스트들은 부정한 배우자들에게 의도치 않게 공개적으로 엿 먹인 것이다. 그리고 그건 이유가 없지도 않았다. 불명예스러운 악덕의 책임을 창녀들 탓으로 돌린다면 머지않아 다른 여성들이 금지된 교제의 영광을 누릴 것이다. 그것은 사악할수록 더욱 자발적이고 더욱 부정한 것이 된다. 정숙하고 덕성스러운 여성과 그저 부드러운 여성을 구별하지도 않게 된다. 반대로 유혹하는 여성과 창녀를 장난삼아 구별할 것이다. 돈 안 받고 범하는 악덕과 가난 때문에 돈을 버느라 범하게 된 악덕도 구별할 것이다. 이런 세세함은 조직적인 타락을 드러낼 것이다. 오 행복하고 소박했던 우리 아버지 시대여. 그때는 정숙한 여인과 부정한 여인들밖엔 없었다. 정숙하지 못한 여성들은 부정한 것이었고, 오래 지속되어온 악덕이 단지 오래되었다는 이유로 스스로를 변호하지는 못했었는데!

하지만 정신과 감정과 성격의 공감을 통해 형성된 이런 미묘한 열정의 근원은 무엇인가? 열정이 끝나는 방식은 늘 잘 드러나곤 한다. 아름다운 표현들은 싸움을 줄이기 위해서만 사용되고 실패를 정당화한다. 마찬가지로 너무 조심스러운 여성들은 부주의한 여성들과 마찬가지로 거의 우스꽝스러운 지경에 이른다.

우리가 책을 읽는다면 여성들은 세상이라는 커다란 책을 읽는다. 사람들이 여성들에게 진실을 보여줄 때 그녀들의 무지조차 재빨리 그 진실을 받아들이는 데 일조한다. 어떤 권위도 그녀들을 예속시키지 않는다. 우리의 머리 앞에서 플라톤, 아리스토텔레스, 에피쿠로스, 제논 같은 이가 보초처럼 무장하고 서 있다가 진리가 들어오는 순간 그 진리를 밀어버리는 것과는 다르다. 여성들은 아주 드물게만 체계적이다. 늘 순간의 지배를 받는다. 토마는 문인 남성들에게 여성과의 교류가 얼마나 이득이 되는지 말하지 않았다. 이건 불경죄다. 여성의 영혼은 우리의 영혼보다 정직하지 않다. 하지만 여성들의 예법은 그들이 우리처럼 솔직하게 스스로를 드러내는 걸 허용하지 않으며 그들은 아주 미묘한 말을 통해서만 스스로를 나타낸다. 그들은 새장 속에서 휘파람 소리로 부름을 받았을 때조차 그 미묘한 말의 도움을 받아서만 원하는 바를 정직하게 말한다. 그러지 않으면 여성들은 아예 입을 다물거나 할 말을 감히 하지 못하는 듯한 기색을 보인다. 우리는 장-자크가 여성들에게 무릎 꿇을 순간을 자주 놓쳤다는 것을 쉽게 눈치챌 수 있다. 마르몽텔[12]은 여성들의 품에서 그 순간을 잘 사용하는데. 사람들은 토마와 달랑베르가 너무 신중했던 것은 아닌가 쉽사리 의문을 품는다. 또한 여성들은 가장 메마르고 가장 까다로운 사건 속에서도 우리가 그것에 즐거움을 느끼고, 똑바로 볼 수 있도록 우리를 적응시킨다. 남성들은 여성들에게 끊임없이 말을 건다. 그들이 귀 기울여 들어주길 원한다. 여성들을 피곤하게 하거나 짜증 나게 할까 봐 두려워한다. 그럼으로써 남성들은 자신을 표현하는 일을 특히 쉽게 여기게 되며 그로써 대화는 스타일을 갖추게 된다. 여성들에게 재능이 있으면 그것은 우리에게서보다 더 독창적인 특징을 갖고 있음을 나는 믿는다.

---

12 장-프랑수아 마르몽텔(1723~1799). 18세기 프랑스 계몽사상기의 역사가이자 작가. 루이 15세의 정부 퐁파두르 부인 등 여러 귀족 부인들의 후원을 받았다. 『백과전서』의 몇몇 항목의 필자로도 참여했다.

이것은 콩트가 아니다*

누군가 이야기를 할 때는 듣는 사람이 있게 마련이다. 그런데 이야기가 좀 이어지고 있을 때 청자가 끼어들어 화자를 방해하지 않는 경우는 드물다. 바로 그런 이유 때문에 나는 앞으로 하게 될 이야기 아닌 이야기, 혹은 아주 나쁜 이야기에 청자 역할을 하는 인물을 집어넣기로 했다. 그럼 시작하겠다.

— 그래, 결론이 났나요?
— 그런 흥미로운 이야깃거리는 모든 사람의 머리를 들뜨게 하고 도시의 모든 모임에서 한 달 내내 구설에 오르고 더 이상 전혀 재미없게 느껴질 때까지 돌고 돌걸요. 수많은 논쟁을 일으켜서 그 이야기에 대해 찬반 토론을 벌이는 소책자가 스무 권은 나오고, 희곡도 수없이 나오겠죠. 이런 소재에 작가의 섬세함과 해박함과 재치가 덧붙여졌는데도 불구하고 대단한 반향을 일으키지 못했다면 작품이 시시했나 봅니다. 그것도 아주 많이.

— 하지만 덕분에 하루 저녁 재미있게 보낼 수는 있을 것 같은데요. 읽고 나면.

— 뭐라고요? 남자와 여자가 둘 다 그냥 아주 못된 짐승들이라는 것, 이미 여기저기서 오랫동안 사람들이 서로를 힐난하며 써먹어온 이야기들을 재탕한 것일 뿐입니다.

— 하지만 당신도 그 병에 걸려들었고, 다른 사람들처럼 그 몫을 치렀잖아요.

— 그건 사람들이 좋든 싫든 분위기에 스스로를 맞추기 때문입니다. 우리는 사교 모임에 갈 때, 방문하는 집 문 앞에서 일단 거기 모인 사람들에 맞춰 표정 관리를 하고 들어가지요. 슬퍼도 명랑함을 가장하고요, 웃고 싶어도 슬픔을 가장하지요. 또 어디서든 뭘 모르는 사람처럼 보이고 싶어 하지 않아요. 문인이 정치를, 정치인이 형이상학을, 형이상학자가 윤리학을, 윤리학자가 금융을 말합니다. 금융인이 문예나 기하학 이야기를 하고요. 저마다 자신이 모르는 것에 대해서 일단 남의 말을 들어보거나 입을 다무는 대신, 그저 떠들어댑니다. 모든 사람이 어리석은 허영심이나 예의범절 때문에 서로 지긋지긋해하면서요.

— 당신 어째 기분이 별로 같군요.

— 보통 그렇죠 뭐.

— 그럼 내가 하려던 짧은 이야기는 더 나은 때를 위해 그냥 남겨두는 게 좋겠군요.

— 내가 이렇지 않을 때를 기다리겠단 말씀이군요.

— 그건 아니고요.

— 아니면 내가 사교 모임에서 모르는 사람 대할 때보다, 지금 단둘이 마주 보고 있는 당신께 덜 너그럽게 굴까 봐 걱정하는 거군요.

— 그렇진 않아요.

— 그럼 그 이유가 뭔지 편하게 말해주세요.

— 이 짧은 얘기 역시 당신이 그동안 물리도록 들어온 이야기보다 나을 게 없기 때문이지요.

— 자! 그래도 말해봐요.

— 아니, 아니요. 당신 이런 이야기라면 이미 충분히 들어봐서 질렸을 겁니다.

— 나를 화나게 하는 것들 중에서 지금 당신이 보여주는 태도만큼 기분 나쁜 것도 없는 걸 아나요?

— 내 태도가 어떤데요?

— 하고 싶어 죽을 것 같은 이야기를 오히려 남이 먼저 해달라고 간청하게 하는 태도 말이요. 이봐요, 친구! 제발, 하고 싶은 대로 해요.

— 하고 싶은 대로 하라니요!

— 시작해요, 제발 시작하라니까.

— 짧게 하도록 노력해보죠.

— 나쁠 거 없고.

이 순간 나는 좀 심술이 나서 기침을 했다가, 침을 뱉었다가, 천천히 손수건을 펼쳐보았다가, 담뱃갑을 열어 담배를 집었다가 했다. 그러자 내 친구가 혼잣말로 하는 소리가 들렸다. "얘기는 짧다면서 서론은 길구먼……" 나는 또 심부름 시킨다는 핑계로 하인을 부르고 싶은 마음이 들었지만 그렇게까지 하지는 않았다. 나는 말하기 시작했다.

이것은 콩트가 아니다

— 아주 착한 남자들과 아주 나쁜 여자들이 있다는 사실을 인정해야 합니다.

— 그건 매일 눈앞에서 보는 일이죠. 집 밖으로 나가지 않아도 아는 이야기고…… 그래서요?

— 그래서요? 나는 알자스 출신의 어느 미인을 알고 지냈습니다. 하지만 늙은이들이나 달려오게 하지, 젊은이들이야 잠깐 멈춰 보게 하는 정도의 미인이었지요.

— 나도 그 여자 알아요. 레이메르 부인이죠.

— 맞아요. 낭시에서 막 올라온 타니에란 남자가 그녀를 보고 미칠 듯이 사랑에 빠지게 되었습니다. 그는 가난했어요. 식구 많은 집에 태어났는데 매정한 부모가 집에서 일찌감치 쫓아낸 그런 아이였죠. 이런 아이들은 자신이 어떻

게 될지 모르는 채 세상에 내던져집니다. 하지만 버려지기 이전보다 더 나쁜 운명에 빠지지 않으리란 건 본능적으로 알지요. 레이메르 부인한테 푹 빠진 타니에는, 용기를 북돋아주는 열정으로 고양되었고, 그의 눈에는 그녀의 모든 행동이 고상하게 보였습니다. 그는 자기 여자 친구를 곤경에서 벗어나게 해주기 위해 가장 힘들고 천한 일도 마다하지 않았습니다. 낮에는 부두에서 일하고 해가 지면 거리에서 구걸까지 할 정도였지요.

— 무척 아름답긴 한데 오래 지속될 순 없는 일이군요.

— 타니에 또한 가난과 싸우는 일에 지쳐서, 아니 그보다는 한 매력적인 여자를 궁핍 속에 붙잡아두는 일에 지쳐서…… 그녀는 비렁뱅이 타니에를 내치라고 압력을 가하는 돈 많은 남자들의 말에 솔깃해 있었거든요.

— 글쎄 그런 여잔 보름이나 갈까, 아니면 길어봤자 한 달이라니까요.

— 그들이 부유하다는 걸 어쩔 수 없이 인정하고, 타니에는 그녀를 떠나 먼 곳으로 가서 운명을 시험해보기로 마음먹었습니다. 그는 여기저기 부탁해서 마침내 왕실의 배에 탈 수 있게 되었습니다. 떠나는 날, 그가 레이메르 부인에게 작별 인사를 하러 와 말했습니다. "친구여, 나는 당신의 온정을 더 이상은 함부로 누리지 못하겠군요. 떠나기로 결심했습니다."

"당신, 당신이 떠난다고요!"

"그래요."

"그래, 어디로 가는데요?"

"식민지 섬들로. 당신은 다른 삶을 살 자격이 있는 사람입니다. 나는 더 이상 당신을 붙잡아둘 수 없군요."

— 착한 타니에!……

— "나는 어쩌라고요?"

— 나쁜 여자 같으니!

— "당신 마음에 들고 싶어 하는 남자들이 주변에 많지 않나요. 당신이 내게 한 약속들, 맹세들을 되돌려주겠습니다. 구애하는 남자들 중에서 제일 마음에 드는 사람을 받아들여요. 그 누구보다 내가 당신에게 그렇게 하라고 간청합니다."

"아! 타니에, 나한테 그런 걸 당신이 제안하다니……"

— 레이메르 부인 흉내는 안 내고 넘어가도 돼요. 뻔히 눈앞에 보이는 듯하군요. 나도 그 여자 알거든요.

— "떠나는 마당에 다만 한 가지 은총을 베풀어주길 바랍니다. 그건 우리를 영원히 갈라놓을 약속만은 결코 하지 말아달란 것입니다. 나한테 그것만 맹세해주세요. 내 아름다운 친구여! 내가 지구 어떤 곳에 살든 매년 나의 따뜻한 사랑의 증거를 당신한테 보내겠습니다. 단 한 해라도 그렇게 하지 않는다면 난 정말 불행해질 겁니다. 울지 말아

요!……"

— 여자들은 울고 싶으면 언제라도 울 수 있지.

— "……나를 말리지 말아요. 나도 자책감 때문에 이런 계획을 세운 겁니다. 이번이 아니더라도 계속 또 이런 계획을 세울 겁니다."

— 이렇게 해서 타니에는 생도맹그[1]로 떠났지요. 레이메르 부인을 위해서나 그를 위해서나 아주 적절한 시기에 떠난 거죠.

— 그걸 어떻게 알죠?

— 누구든 알 수 있죠. 타니에가 그 여자한테 다른 후견인을 골라보라고 충고했을 때 이미 얘긴 끝난 거잖아요.

— 그렇군요.

— 당신 이야기나 계속해요.

— 타니에는 똑똑하고 사업 수완도 아주 뛰어난 사람이었습니다. 그는 머지않아 이름이 나게 되었고, 카프 지방의 최고심의위원회에 들어가게 되었고, 거기서 높은 식견과 공명정대함으로 두각을 나타냈어요. 큰 재산을 모으려는 야심은 없었고 정직하고 신속하게 모으기만 바라던 그는 매년 레이메르 부인에게 자신이 번 돈의 일부를 보냈습니다. 그러다 그는 마침내 돌아왔어요……

1 아이티.

─ 9년인가 10년이 지나서. 아니, 그렇게 오래 있었던 건 아닌 거 같네요.

─ 그는 자신의 덕행과 노동으로 벌어들인 재산이 담긴 작은 돈주머니를 연인에게 건넸습니다.

─ 타니에로선 다행스럽게도 그때는 레이메르 부인이 타니에 다음에 만나던 남자들 중 마지막 사람과 막 헤어진 참이었지요.

─ 마지막이라고요?

─ 네.

─ 그럼 그새 남자가 여럿 있었단 말인가요?

─ 그럼요.

─ 계속해요, 계속해.

─ 하지만 당신이 저보다 더 잘 아시는 것 같으니 더 말씀드릴 게 아무것도 없는걸요.

─ 무슨 상관, 그냥 계속해요.

─ 레이메르 부인과 타니에는 생트마르그리트가에 있는 우리 집 가까이에 아주 좋은 집을 구했어요. 나는 그를 좋게 생각했고 자주 그의 집을 드나들었어요. 사치스럽진 않았지만 매우 안락한 집이었지요.

─ 내가 레이메르 부인 회계 장부를 들춰 보진 않았지만 타니에가 돌아오기 전에도 그 여자는 분명 만 5천 리브르 정도의 연금을 받고 있었어요.

— 그럼 자기 재산을 타니에 모르게 숨겼단 건가요?

— 네.

— 왜죠?

— 인색하고 탐욕스러웠으니까.

— 탐욕스러운 건 그렇다 쳐도 인색하다니! 인색한 창녀라!…… 어쨌거나 두 연인이 5~6년 전만 해도 더할 나위없이 사이좋게 살았는데요.

— 한 사람의 극단적 능란함과 다른 한 사람의 끝없는 신뢰 덕분이지요.

— 오! 타니에 같은 순수한 영혼 속에는 의심의 그림자조차 섞여 들어갈 수가 없지요. 내가 가끔씩 눈치챌 수 있던 것은 레이메르 부인이 예전의 가난을 신속히 잊었다는 점뿐이었습니다. 그녀는 사치와 부에 대한 사랑으로 눈이 뒤집혀 있었어요. 자기같이 아름다운 여자가 걸어 다녀야 한다는 점까지 수치스러워할 정도였지요.

— 마차를 타고 다니지 않았나요?

— 게다가 악덕의 화려함이 그 비천함을 감춰주고 있었죠. 당신 웃는군요?…… 그 무렵 모르파[2] 씨가 북쪽 지방[3]

---

2 장-프레데리크 펠리포 드 모르파 백작. 1725년에서 1749년 사이 해군의 요직에 있었다. 실제로 1747년 상트페테르부르크에 상사 설립을 고려한 적이 있다.

에 회사를 설립할 계획을 세웠습니다. 그 사업을 성사시키려면 활동적이고 똑똑한 사람이 필요했어요. 그는 타니에를 눈여겨보았어요. 식민지 섬에서 하던 몇 가지 주요 사업들 덕분에 타니에에게 믿음을 갖게 되었던 거죠. 그는 늘 백작의 마음에 들게 일을 잘 처리하곤 했었거든요. 타니에는 이런 총애의 표시를 처음엔 사양했습니다. 그는 자기 연인 곁에서 아주 만족스럽고 행복하게 살고 있었으니까요. 사랑에 빠져 있었고 자신도 사랑받고 있었으니까. 혹은 그렇다고 믿고 있었으니까.

— 맞아요.

— 그 행복에다 황금이 보태줄 수 있는 게 뭐가 있겠어요? 하지만 백작은 집요했습니다. 결국 가부를 결정해야 했고, 레이메르 부인에게 그 사실을 털어놓았지요. 나는 그 난처한 상황이 막 끝나갈 무렵에 우연히 그 집에 가게 되었는데 불쌍한 타니에는 눈물범벅이 되어 있었습니다. 내가 그에게 물었죠. "도대체 무슨 일인가요?" 그가 울먹이며 제게 말하더군요. "이 여자 때문입니다!" 레이메르 부인은 조용히 타피스리 짜는 일을 계속하고 있었어요. 타니에는 갑자기 일어서더니 나가버렸고, 나는 그 여자와 단둘이 남게 되었습니다. 그녀는 타니에가 제정신이 아니라면서 왜 그런지

3 러시아.

48

설명하기 시작했어요. 그녀는 자신의 곤궁한 처지를 제게 과장하더군요. 영악한 정신을 지닌 사람이 야심 찬 궤변을 감출 때 쓸 법한 그 모든 기술을 써서 변명을 하더군요.

"그게 뭐가 중요해요? 기껏해야 2~3년 떨어져 있는 건데요."

"당신이 사랑하고, 또한 당신을 자기 자신만큼 사랑하는 사람에게는 긴 시간이죠."

"그 사람이 절 사랑한다고요? 절 사랑한다면 저를 기쁘게 해줄 일을 하면서 그토록 주저하겠어요?"

"하지만 부인, 당신은 왜 그를 따라가지 않지요?"

"저요! 거긴 절대로 안 가요. 게다가 그 사람 너무도 제정신이 아니어서 저한테 그걸 제안할 생각도 않던데요, 뭘. 그가 저를 의심하던가요?"

"그럴 리가요."

"12년을 기다렸는데 2~3년 정도는 안심하고 믿어도 되는 거 아닌가요. 선생님, 이건 일생에 단 한 번 있을까 말까 할 정도로 귀한 기회라고요. 훗날 그 사람이 이 기회를 놓친 것에 대해 후회하고 나한테까지 뭐라 하지 않기 바랄 뿐이에요."

"타니에는 아무것도 후회하지 않을 겁니다. 당신 마음에 드는 기쁨을 누리는 한."

"멋진 말씀이시네요. 하지만 내가 늙으면 그땐 틀림없

이 자기가 부자인 걸 매우 다행스럽게 여길걸요. 여자들은 보통 미래를 조금도 생각하지 않는 게 문제지만 전 달라요."

백작은 그때 파리에 있었습니다. 생트마르그리트가에서 백작의 거처까지는 아주 가까웠어요. 타니에는 그곳에 가서 약속을 해버렸습니다. 이제 눈물은 그쳤지만 마음은 한층 오그라든 상태로 돌아와 말하더군요. "부인, 나는 모르파 씨를 만났고 약속도 했소. 나는 떠납니다, 떠난다고요. 이제는 만족하겠지요."

"아! 내 친구!⋯⋯"

레이메르 부인은 하던 일을 멈추고 타니에의 품에 뛰어들어 그의 목을 팔로 감고 한없이 애무하며 부드러운 목소리로 말했습니다. "내가 당신에게 소중한 사람이란 걸 이번엔 분명 알게 되었어요."

타니에는 차갑게 대답했어요. "부자가 되고 싶은 거겠지요."

─그녀는 이미 부자였는데. 그런 탕녀에게 합당한 바의 열 배쯤은 부자였는데⋯⋯

─"그리고 당신은 그렇게 될 거요. 당신이 사랑하는 것은 황금이니까. 나는 당신한테 황금을 찾아다 주러 가야겠지요."

그날은 화요일이었는데, 백작은 더 이상 미루지 않고 금요일에 떠나기로 정했습니다. 나는 타니에가 자기 자신과 힘들게 싸우고 있는 바로 그 순간에 작별의 인사를 하러 그를 방문했습니다. 그는 아름답지만 못되고 잔인한 레이메르 부인의 팔에서 떨어져 나오려 애쓰고 있었습니다. 그 고뇌하는 모습은 이전에 내가 한 번도 본 적이 없는 정신적 혼란과 절망 자체였지요. 탄식이 아니라 긴 비명과도 같았습니다. 레이메르 부인은 아직 침대에 있었어요. 그는 그녀의 한 손을 잡고서 계속해서 말하고 또 말했습니다. "잔인한 여자, 매정한 여자! 그대는 안락함과 나 같은 친구, 나 같은 애인을 두고 대체 뭘 더 원한단 말인가요! 나는 아메리카의 타는 듯이 더운 지방에서 이 여자한테 돈을 벌어다 주었어요. 그런데 이 여자는 내가 다시 북방의 추운 얼음 나라에 가서 돈을 더 벌어다 주길 원하는군요. 친구여, 나는 이 여자가 미쳤고, 나도 내 정신이 아닌 걸 알아요. 하지만 그녀를 슬픔에 빠뜨리기보단 죽는 게 덜 끔찍하군요. 내가 그대를 떠나길 원하니, 나는 그대를 떠나겠소."

그는 그녀의 침대 옆에 무릎을 꿇고 이불 속에 파묻은 얼굴을 움켜잡고 있었어요. 자기의 신음 소리를 억누르려는 것이었는데 그래서 더 슬프고 더 끔찍하게 보이더군요. 방문이 열렸습니다. 그는 갑자기 머리를 들었습니다. 마차가 준비되었다는 말을 하러 온 마부였습니다. 마부를 보자 그는 비명을 지르더니 다시 얼굴을 이불 속에 묻었습니다. 잠시 침묵의 순간이 흐른 후 일어서서 여자 친구에게 말했습니다. "부인, 나를 안아줘요. 한 번 더 나를 안아줘요. 나를 다시는 못 볼 테니까." 예감은 너무도 잘 들어맞았습니다. 집을 떠나 상트페테르부르크에 도착하고 사흘 뒤 열병에 걸려 다음 날 죽었으니까요.

— 나는 이 이야기를 다 알고 있었어요.

— 혹시 당신, 그녀가 타니에 다음에 사귄 남자들 중한 사람인가요?

— 그렇습니다. 이 끔찍한 미인 때문에 내 사업도 망했지요.

— 불쌍한 타니에.

— 세상에는 이 사람을 바보 머저리라고 하는 사람도 있을걸요.

— 나도 그를 변호할 생각은 없어요. 하지만 그렇게 말하는 사람들에게 불행한 운명이 닥쳐와, 레이메르 부인처럼 아름답지만 간교한 여인을 만나게 되길 내 마음 깊은 곳에서 바랍니다.

— 당신, 잔인할 정도로 복수심이 강하군요.

— 그리고 한쪽에 나쁜 여자들과 아주 착한 남자들이 있는 반면, 다른 쪽엔 아주 착한 여자들과 아주 나쁜 남자들이 있는 것도 사실이지요. 내가 덧붙일 이야기는 앞의 이야기와 마찬가지로 단순히 꾸며낸 이야기는 아니랍니다.

— 물론 믿어요.

─ 데루빌 씨[4]가……

─ 그 사람 아직도 살아 있나요? 그 왕실 친위대 장교? 롤로트라는 매력적인 여성과 결혼한 그 사람?

─ 바로 그 사람이오.

─ 신사죠. 학문의 친구고.

─ 학자들의 친구이기도 하죠. 그는 오랫동안 모든 시대 모든 나라의 전쟁사 정리 작업에 골몰했습니다.

─ 계획이 방대했군요.

─ 그 일을 완수하기 위해 그는 뛰어난 능력을 지닌 젊은이들을 주변에 불러 모았습니다. 『수학사』의 저자인 몽튀클라 씨[5] 같은 사람들요.

─ 세상에! 그 사람한테 그런 힘이 있었어요?

─ 제가 지금 하려는 이야기의 주인공인 가르데유[6]라는 사람은 자기 전문 분야의 영향력 면에서 전혀 그에 뒤지지 않았죠. 가르데유와 내가 똑같이 그리스어 연구에 대한

---

4 앙투안 리쿠아르 데루빌(1713~1782). 『백과전서』 편찬에 협력한 사람 중 하나.
5 장-에티엔 드 몽튀클라(1725~1799). 『수학사 *Histoire des mathématiques*』 등을 발간했다.
6 장-바티스트 가르데유(1808~?). 훗날 툴루즈에서 수학 교수가 되었고, 과학 아카데미 회원이 되었다. 그는 30년 동안 히포크라테스 저작을 번역하는 일에 몰두했다.

열정을 품고 있다 보니 서로 알게 되었는데요. 시간이 흐르면서 서로 조언해주는 사이가 되었습니다. 은둔 취향도 비슷한 데다가, 무엇보다 서로 만나기 쉬운 곳에 살았기 때문에 아주 가까워졌죠.

— 그때 당신은 에스트라파드가에 살았죠.

— 그는 생티아생트가에 살았고 그의 여자 친구 드라쇼 양[7]은 생미셸 광장 쪽에 살았습니다. 그녀의 실명을 그대로 부르겠습니다. 이 불쌍하고 불행한 여인은 더 이상 살아 있는 사람이 아니니까요. 또 그녀는 정신이 온전한 사람이라면 누구나 존경할 수밖에 없는 인생 그 자체를 살았기 때문이기도 하지요. 그녀는 자연의 영혼으로부터 벌이든 축복이든 조금이라도 감수성을 타고난 사람이라면 모두 경탄과 회한의 눈물을 흘리게 할 만한 인물이었어요.

— 그런데 당신 목소리가 툭툭 끊기는 것이 어째 울고 있는 것 같군요.

— 마치 그녀의 크고 검은 눈, 빛나고 부드러운 눈을 아직도 보고 있는 듯합니다. 마음을 울리는 그녀의 목소리

---

7 실존 인물. 달랑베르, 콩디야크 등 디드로의 친구들과 교분이 있던 인물. 디드로는 1751년 『농아에 관한 서한』 출판 후, 길고도 재기가 번득이는 편지를 담고 있는 「『농아에 관한 서한』의 몇 가지 부분에 대한 해명 부가」라는 글을 출판하였는데, 바로 드라쇼 양이 제기한 몇 가지 반박들에 대해 성실하게 답하는 편지였다.

가 마치 귓가에 들리는 듯하고 심장을 두근거리게 하는군요. 매력적인 사람이었는데! 특별한 사람이었는데! 당신이 더 이상 이 세상에 없다니! 내 심장은 아직도 당신에 대한 추억으로 죄어오는데.

— 당신, 그녀를 사랑했나요?

— 아니요. 오, 드라쇼! 오, 가르데유! 이 두 사람은 둘 다 비범했어요. 하나는 여성의 다정함으로 비범했고 다른 하나는 남성의 배은망덕함으로 비범했죠! 드라쇼 양은 문벌 좋은 집안 출신이었는데 자신의 부모를 거역하고 가르데유의 품으로 뛰어들었습니다. 가르데유에게는 아무것도 없었지만 드라쇼 양에게는 약간의 재산이 있었어요. 하지만 이것은 가르데유의 필요와 변덕에 모두 희생되었습니다. 그녀는 자신의 재산이 없어진 것도, 자신의 명예가 실추된 것도 안타까워하지 않았습니다. 그녀한테 자신의 애인은 그 모든 것을 대신해줄 수 있는 존재였으니까요.

— 그럼 이 가르데유란 사람이 아주 매력적이고 매우 다정한 사람이었나 보죠?

— 전혀 아니요. 작고 무뚝뚝하고 침울하고 신랄한 사람이었어요. 메마른 얼굴에 어두운 낯빛, 어느 모로 보나 마르고 초라한 추남이었어요.

— 그런데 이 사람이 그토록 매력적인 처녀의 머리를 뒤흔들어놓았다고요?

— 그게 놀랍나요?

— 물론.

— 당신이?

— 그럼요.

— 데샹 양과의 사이에 있었던 사건을 더 이상 기억하지 못하시는 건가요? 이 여자가 당신 앞에서 문을 쾅 닫았을 때 당신이 빠져들어갔던 그 깊은 절망을요?

— 그 얘긴 관둡시다. 계속해요.

— 당신한테 내가 말했죠. "그 여자 아주 예쁜가 보죠?" 당신은 서글픈 어조로 대답했어요. "아니요."

"그럼 재기발랄한가요?"

"바보죠."

"그럼 그녀의 재능이 당신을 끌어당긴 거군요."

"재능이라면 딱 한 가지 있죠."

"그럼 그 드물고 숭고하며 놀라운 재능은?"

"나를 다른 여인의 품속에 있을 때보다 자기 품속에 있을 때 가장 행복하게 만들어주는 재능이죠."

— 그러니까 드라쇼 양은?

— 그 정숙하고 민감한 드라쇼 양은 본능적으로, 자기도 모르게, 당신이 누렸던 행복감을 남몰래 기대했던 거죠. 당신이 데샹에게 느낀다고 말한 그 행복감 말이에요. "그 보잘것없고 비천한 여자가 끝내 나를 자기 집에서 쫓아내겠다

고 고집을 피우면 나는 그 집 응접실에서 총으로 내 머리를 박살 내고 말 거요." 당신 그렇게 말했어요, 안 했어요?

— 그렇게 말했죠. 지금도 왜 안 그랬는지 모르겠는걸요.

— 그럼 인정하시죠.

— 당신 원하는 대로 모두 다 인정하죠.

— 내 친구여. 우리들 중에 가장 지혜로운 사람쯤 되어야 비로소 이쁘건 밉건, 똑똑하건 바보건 자기를 정신병자 수용소에 가둘 만큼 미치게 만드는 여자를 다행스럽게 한 번도 만나지 않는 행운을 누리겠죠. 남자들을 불쌍히 여기고 조금만 비난합시다. 가버린 세월은 우리를 따라다닌 악의로부터 피할 수 있게 된 시간이라고 여깁시다. 특히 자연의 매력이 뜨거운 영혼과 불타는 상상력의 소유자에게 자행하곤 하는 그 폭력에 대해, 두려움에 떨지 않고는 아예 생각도 할 수 없지요. 화약통 위에 우연히 떨어진 그 어떤 불씨도 이보다 더 끔찍한 결과를 만들어내진 않아요. 당신이나 나한테 이런 운명적인 불씨를 흔들어대던 손가락은 이제 제거되었으려나요.

데루빌 씨는 자기 작업을 더 빨리 추진하고 싶어서 협조자들을 지쳐 빠질 때까지 다그쳤습니다. 그래서 가르데유의 건강이 나빠졌지요. 드라쇼 양은 그의 일을 줄여주려고 히브리어를 배웠습니다. 자신의 남자 친구가 쉬고 있을 때 히브리 작가들의 글들을 베끼고 번역하면서 수많은 밤을 보냈지요. 그리스 작가들을 검토할 시간이 되자, 이미 조금은 알고 있었던 그리스어 실력을 완성하는 데 박차를 가했고요. 가르데유가 잠들어 있을 때 크세노폰과 투키디데스의 글들을 번역하고 필사하는 일에 몰두했습니다. 그리스어와 히브리어 외에 이탈리아어와 영어도 배웠습니다. 그녀의 영어 실력은 흄의 초기 형이상학 에세이들을 프랑스어로 번역해낼 수 있는 수준이었습니다. 어려운 주제를 다루는 데다 표현 자체도 한없이 어려운 그 책을 말입니다. 연구로 힘이 다 빠졌을 때면 악보 베끼는 일을 했지요. 그러면서도 자기 연인이 지루할까 걱정되면 노래를 불러주었어요. 나는 지금 아무것도 과장하고 있지 않아요. 의사인 르카뮈 씨를 증인으로 내세울 수 있어요. 이 사람은 그녀의 괴로움을 위로해주고, 빈곤 속에 빠진 그녀를 도왔습니다. 그녀에게 끊임없이 도움을 베풀었지요. 그는 그녀가 가난 때문에 떠밀려 갔던 고미 다락방으로 찾아가, 그녀가 죽을 때 눈을 감겨준 사람입니다. 그러고 보니 그녀가 겪었던 첫번째 불행에 대해 이야기하길 잊었군요. 그렇게 공공연하고 불미스러운 애착에 격분한 가족이 그녀에게 가했던 학대 말입니다. 사람들은 진실도 거짓도 마구 활용해서 불명예스러운 방식으로 그녀의 자유를 마음껏 휘둘렀어요. 그녀의 부모와 사제들은 이 동네 저 동네, 이 집 저 집 그녀를 쫓아다녀서 마침내 그녀가 몇 년을 혼자 숨어 살게 만들었답니다. 그래도 그녀는 낮에는 가르데유를 위해 일하면서 보냈습니다. 밤에 우리가 그녀를 찾아가면, 곁에 애인이 있다는 것만으로도 그녀의 모든 고통과 근심은 사라지는 듯했지요.

— 아니, 젊고 심약하고 민감한 그녀가 그런 역경 속에 있었다니!

— 그녀는 행복해했어요!

— 행복했다고요!

— 네, 가르데유가 배은망덕하게 굴면서 비로소 그 행복이 끝났지요.

— 그토록 드문 덕성과 사랑과 그 모든 종류의 희생의 대가가 배은망덕이라니, 있을 수 없는 일인데요.

— 틀렸어요. 가르데유는 분명 배은망덕했지요. 어느 날 드라쇼 양은 명예도 재산도 아무런 도움도 받을 수 없는 채로 세상에 혼자 내던져졌어요. 아, 아니군요. 내가 잠시 동안 그녀 곁에 있었고, 의사인 르카뮈는 늘 있었군요.

— 아, 남자들이란, 남자들이란!

— 누구 말하는 거죠?

— 가르데유 말이요!

— 당신은 못된 남자만 보고, 그 옆에 착한 남자가 있는 건 보이지 않나 보군요. 고통과 절망의 날, 그녀는 우리 집으로 달려왔습니다. 그녀는 시체만큼이나 창백했죠. 전날 밤에야 운명을 알게 되었지만 아주 오랫동안 고통받은 사람

같았어요. 그녀는 울지 않았습니다. 하지만 누가 보아도 그녀가 많이 울었다는 걸 알 수 있었죠. 그녀는 소파 위로 쓰러지듯 앉았습니다. 아무 말도 하지 않았죠. 말을 할 수가 없었던 겁니다. 그녀는 내게 팔을 뻗으면서 비명을 질렀어요. 내가 말했습니다.

"무슨 일이죠? 그가 죽기라도 했나요?"

"더 나빠요. 그 사람 저를 더 이상 사랑하지 않아요. 그가 저를 버렸어요……"

— 계속해요.

— 그럴 수가 없군요. 그녀가 보이고 들리는 듯해서요. 눈물이 차오르네요.

"그가 당신을 더 이상 사랑하지 않는다고요?……"

"네."

"그가 당신을 버렸다고요!"

"네. 제가 그 많은 일을 하고 난 다음…… 선생님, 머리가 혼란스러워요. 저를 불쌍히 여겨주세요. 저를 떠나지 마세요…… 무엇보다 저를 떠나지 말아주세요……" 이 말을 하면서 그녀는 내 팔을 잡았습니다. 마치 자기 옆에 있는 누군가가 그녀를 내게서 떼어내겠다고 협박하는데 한사코 그에게 저항하는 것처럼 나를 꽉 붙잡았지요……

"아무것도 두려워 마세요."

"제가 두려워하는 건 누구도 아닌 저예요."

"당신을 위해서 무슨 일을 해드릴까요?"

"무엇보다 저를 저 자신에게서 구해주세요. 그 사람이 저를 더 이상 사랑하지 않는대요! 제가 그를 피곤하게 한대요! 성가시게 한대요! 권태롭게 한대요! 제가 싫대요! 저를 포기하겠대요! 그 사람이 저를 버린대요! 그 사람이 저를 버린대요!"

이런 말을 반복한 뒤로 깊은 침묵이 이어졌습니다. 이 침묵 뒤에는 발작적인 웃음이 터져 나왔습니다. 이건 절망의 외침이나 비탄의 단말마적 탄식보다 천 배는 더 끔찍했어요. 그다음에는 눈물, 비명, 잘 알아들을 수 없는 말들, 하늘을 바라보는 시선, 떨리는 입술, 그냥 내버려 둘 수밖에 없는 고통들의 격류가 이어졌지요. 나는 그녀를 그냥 내버려 둘 수밖에 없었습니다. 그녀의 영혼이 한풀 꺾이고 몽롱해졌을 때에야 비로소 그녀의 이성에 대고 말을 시작했습니다.

"그 사람이 당신을 싫어하고 당신을 버렸다고요! 당신한테 그 말을 한 사람이 누구죠?"

"바로 그 사람이요."

"자, 희망과 용기를 좀 가져보세요. 그가 괴물은 아니잖아요."

"선생님은 그 사람을 몰라요. 이제 아시게 되겠지만 세상에 다시 없을 괴물이에요."

"믿을 수가 없습니다."

"직접 보시게 될 거예요."

"다른 사람을 사랑한대요?"

"아니요."

"당신이 무슨 의심 살 일이나 불만거리를 안겨주었나요?"

"아니요, 아니요."

"그럼 뭡니까?"

"제가 쓸모없다는 거죠. 제게 더 이상 아무것도 없다는 거죠. 그의 야심에 비추어 저는 아무 일에도 도움이 안 된대요. 그는 늘 야심에 차 있었어요. 제가 건강을 잃자 매력도 없어진 거죠. 저는 그토록 고통받고 지쳐버렸는데 이젠 그 때문에 권태와 혐오감을 불러일으킨다는 거죠."

"연인이길 멈춰도 친구로 남을 수 있지요."

"저는 그한테 참을 수 없는 사람이 되었어요. 제 존재 자체가 그를 짓누르고, 저를 보기만 해도 그에겐 고통이자 고문인걸요. 그가 제게 한 말을 아신다면! 네 선생님, 그는 자기가 저랑 24시간 함께 있는 형벌을 받아야 한다면 창밖으로 뛰어내리겠다고까지 말했어요."

"하지만 그런 혐오감이 한순간 만들어진 건 아닐 텐데요."

"제가 뭘 알겠어요? 그 사람은 천성적으로 그렇게 거만

하고 무심하고 차가운걸요. 그의 마음속을 읽어내기란 너무 어려워요. 누구나 사형 선고를 읽긴 싫어하는 법인데 그 사람은 그 말을 제 면전에서, 그것도 아주 가혹하게 했어요."

"아무것도 이해하지 못하겠군요."

"부탁드릴 게 있어요. 사실 그래서 왔어요. 들어주시겠어요?"

"그게 무엇이 되었든 그렇게 하죠."

"들어보세요. 그 사람은 선생님을 존경해요. 선생님은 그가 저한테 진 빚을 다 알고 계시는 분이기도 하고요. 그는 자신의 실체가 당신에게 곧이곧대로 드러나는 걸 부끄러워할지도 몰라요. 아니, 그 사람한테 그 정도의 염치와 능력이 있을지 모르겠군요. 저는 한갓 여자일 뿐이에요. 선생님은 남자죠. 다정하고 정직하며 공정한 남성에게는 사람을 압도하는 힘이 있어요. 그에게 영향을 주실 수 있을 거예요. 제 팔을 잡아주세요. 저를 그 집으로 데려가주세요. 거절하지 말아주세요. 선생님 보는 데서 제가 그 사람한테 말하고 싶어요. 제 고통과 당신의 존재가 그에게 혹시 무슨 영향을 끼칠지 누가 알겠어요? 저와 함께 가주시겠어요?"

"기꺼이."

"가요."

── 그녀의 고통과 그녀의 존재가 물 한 방울만큼의 결과라도 가져왔을지 걱정되는군요. 싫증! 사랑에 싫증만큼

지독한 게 있을까요, 특히 여자한테.

— 나는 마차를 불렀어요. 그녀가 걸을 수조차 없는 상태였으니까요. 우리는 가르데유 집에 도착했습니다. 생미셸 광장에서 생티아생트가로 접어들 때 우측으로 하나밖에 없는 새로 지은 큰 집이었죠. 거기서 마부가 멈췄습니다. 그가 마차 문을 열어주었고, 나는 밖에서 기다렸습니다. 하지만 그녀가 나오지 않더군요. 마차 안을 들여다보니 온몸을 부들부들 떨고 있는 한 여인이 보였어요. 그녀는 마치 열병으로 떨고 있는 사람처럼 이를 부들부들 떨고 있더군요. 두 무릎마저 덜덜 떨며 부딪히고 있었지요.

"잠깐만요, 선생님. 용서해주세요. 저는 못 하…… 거기서 제가 뭘 하겠어요? 괜히 제가 선생님께 폐만 끼친 것 같아요. 그래서 화가 나요. 용서해주세요……" 하지만 나는 그녀에게 팔을 내밀었습니다. 그녀는 제 팔을 잡고 일어나려고 애를 썼지만 못 일어나더군요.

"잠깐만요, 선생님. 제가 선생님께 큰 폐를 끼치는군요. 제 상태가 정말 안 좋아요……"

마침내 그녀는 좀더 안정되었습니다. 그녀는 마차에서 나오면서 아주 낮은 목소리로 덧붙였어요.

"들어가야 해. 그 사람을 봐야 해. 내가 뭘 알게 될까? 아마 난 거기서 죽게 되겠지……"

우리는 안마당을 통과해서 그의 집 문 앞에 이르렀고

가르데유의 연구실로 들어갔습니다. 그는 나이트캡과 잠옷 차림으로 책상에 앉아 있었어요. 나와 악수를 하고 나서, 하고 있던 일을 계속하더니 이윽고 내게 와서 말했습니다.

"선생님, 여자들은 정말 성가시죠. 이 여자의 괴상한 행동에 대해 천 번 만 번 사과드립니다." 그러고 나서 그 가엾은 사람에게 말했어요. 그녀는 살아 있다기보다는 죽어 있는 듯했지요.

"아가씨, 나한테 또 뭘 요구하는 거요? 내가 간단명료하게 밝혔던 만큼 이제 우리 사이는 완전히 끝났어야 하는 것 같은데요. 나는 당신한테 더 이상 사랑하지 않는다고 말했어요. 나는 당신한테 일대일로 말한 겁니다. 아마 당신은 내가 이분 앞에서 그 말을 다시 해보길 원하는 것 같군요. 그래요, 아가씨. 나는 당신을 더 이상 사랑하지 않습니다. 사랑이란 감정은 당신을 향한 내 마음속에서 이미 꺼져버렸어요. 다른 여자들한테도 내 마음은 마찬가지라고 덧붙이겠소. 이 말이 당신한테 위로가 된다면."

"왜 당신이 저를 더 이상 사랑하지 않는지 알려주시겠어요?"

"나도 모르오. 내가 아는 것은 왜 그런지 모른 채 사랑하기 시작하였고, 또한 그 이유를 모른 채 사랑이 멈췄다는 것뿐. 난 열정이 되돌아온다는 것은 불가능하다고 느끼고 있소. 젊은 혈기로 한때 탈선한 거고 이젠 거기서 완전히 회복되었다고 생각하오. 다행스럽게도."

"내가 뭘 잘못했죠?"

"아무 잘못도 없소."

"내 행동 중 은연중에 괘씸한 게 있었나요?"

"전혀. 당신은 한 남자가 바랄 수 있는 가장 한결같고 정숙하며 부드러운 여자였소."

"내가 할 수 있는 일 중에 빠트린 게 있나요?"

"아무것도."

"나는 당신 때문에 내 부모를 버렸지요?"

"사실이오."

"내 재산은요?"

"그 점에 대해 매우 유감스럽게 생각하오."

"내 건강은요?"

"아마도."

"내 명예와 내 평판과 내 휴식은요?"

"좋을 대로 생각하오."

"그런데 내가 지긋지긋하다고요?"

"말하기 어려운 일이고, 듣기에도 어려운 일이겠지만 사실이기 때문에 그렇다고 시인할 수밖에 없소."

"내가 그에게 지긋지긋한 존재라니!……"

"감정이 그런걸. 달리 여길 수가 없소!"

"아, 하느님!……"

이 말을 하면서 그녀의 얼굴에는 죽음과도 같은 창백함이 번져나갔습니다. 식은땀이 뺨에 맺히면서 눈에서 흘러나오는 눈물과 뒤섞였지요. 그녀는 눈을 감고 있었어요. 머리는 안락의자 뒤로 젖혀져 있었고, 이를 악문 채 사지를 벌벌 떨고 있었고요. 이런 경련 뒤에 실신이 뒤따랐어요. 그녀가 이 집 문 앞에서 품었던 일말의 희망마저 완전히 끝난 것으로 보였어요. 이런 상태가 지속되자 나는 겁이 나기 시작했지요. 나는 그녀의 숄을 치우고 옷끈을 풀어주었습니다. 치마끈도 풀어주고 얼굴에 차가운 물방울을 뿌려주었지요. 그녀는 눈을 반쯤 다시 떴어요. 그녀의 목에선 희미한 중얼거림이 흘러나왔지요. 그녀는 뭔가 말하고 싶어 했습니다. "그 사람이 내가 지긋지긋하대⋯⋯" 이런 말 같았습니다. 하지만 단어의 끝 음절들만 제대로 발음할 수 있었습니다. 그러고는 날카로운 비명을 질렀지요. 눈꺼풀이 처지면서 다시 실신했습니다. 가르데유는 차갑게 의자에 앉아서 팔꿈치를 책상에 대고 턱을 괸 채, 아무 감정 없이 그녀를 바라보면서 내가 그녀를 돌보는 대로 내버려 두고 있었습니다.

"하지만 선생, 이 여자가 죽어갑니다⋯⋯ 사람을 불러야겠어요."

그는 어깨를 으쓱하며 내게 웃으면서 대답했습니다.

"여자들은 목숨이 질겨요. 그런 사소한 일로 죽지는 않지요. 아무 일도 아닙니다. 괜찮아질 겁니다. 선생님은 여자들을 모르시는군요. 여자들은 자기 몸을 원하는 대로 할 수 있어요……"

"거듭 말씀드리지만, 이 여자가 죽어갑니다." 실제로 그녀의 몸은 힘도 생명도 없어 보였습니다. 그녀의 몸은 앉은 자리 밖으로 빠져나와 내가 붙잡지 않으면 바닥으로 곧장 나가떨어질 것 같았어요. 하지만 가르데유는 갑자기 일어섰습니다. 그러고는 아파트 안을 이리저리 걸어 다니면서 참을성 없는 화난 어조로 말했어요.

"이 따분한 장면으로부터 빨리 벗어나야 할 텐데…… 정말 이게 마지막이길 바랄 뿐입니다. 이 여자가 도대체 누구한테 원망을 품고 있단 말입니까? 나는 그녀를 사랑했지요. 내가 벽에다 머리를 박고 찧는다 해도 더도 덜도 아닌 사실이죠. 하지만 나는 그녀를 더 이상 사랑하지 않습니다. 지금 그녀는 그걸 알고 있어요…… 아니면 영원히 모르든가. 할 말은 그것뿐이고 이미 이야기 끝났습니다……"

"아니요, 선생. 이야기 다 끝난 건 아니죠. 세상에! 온전한 남자가 한 여자로부터 그녀가 가진 모든 것을 빼앗은 다음 버릴 수 있다고 생각하시오?"

"그럼 내가 어떻게 하길 원하시나요? 나도 그녀처럼 가난뱅이라고요."

"내가 당신한테 뭘 원하느냐고요? 당신이 비참하게 만든 저 여자처럼 당신도 비참해지라는 거죠."

"마음대로 말씀하시는군요. 하지만 그렇게 한다고 그녀한테 더 좋을 게 없습니다. 나만 훨씬 더 나빠질 뿐."

"당신에게 모든 것을 희생한 친구가 남자라면 당신이 이렇게 할 수 있겠소?"

"친구! 친구라! 나는 친구들을 그다지 믿지 않아요. 이번 경험으로 정열에 아무것도 기대하지 말라는 교훈을 얻었지요. 그 점을 좀더 일찍 알지 못했다는 사실에 화가 나는군요."

"이 불행한 여자가 당신의 마음이 저지른 잘못의 희생물이란 점은 맞지요?"

"한 달, 아니 하루 더 있다가 그녀의 이지러진 마음 때문에 내가 똑같이 잔인하게 당하지 않는다고 누가 그러던가요?"

"누가 그랬냐고요? 그녀가 당신에게 해준 그 모든 것, 지금 당신이 보고 있는 그녀의 상태가 다 말해주잖아요."

"그녀가 내게 해준 것이라…… 아니 세상에! 시간 빼앗기는 것으로 다 갚았는데."

"아, 가르데유 선생! 당신의 시간과 그녀에게서 당신이 앗아버린 그 모든 것들, 값으로 매기지 못할 그것들이 어떻게 비교 대상이 되나요!"

"저는 아무것도 해놓은 게 없습니다. 저는 아무것도 아닙니다. 저는 서른 살입니다. 오로지 저만을 생각할 때입니다. 이 모든 하찮은 짓들의 가치를 똑바로 매겨볼 시간이지요."

그사이 이 불쌍한 아가씨가 약간 제정신이 들었던 것 같아요. 이 마지막 말들을 듣고 그녀는 힘을 되찾았습니다.

"이 사람이 시간 낭비했다고 했나요? 저는 그가 해야 하는 일의 부담을 덜어주려고 네 가지 외국어를 배웠어요. 책도 천 권은 읽었어요. 밤낮으로 쓰고 번역하고 필사했어요. 그러다 제 힘이 고갈되어버렸고, 눈이 망가졌고 피마저 말라버렸어요. 해로운 병에 걸렸어요. 아마 그 병에서 다신 벗어나지도 못할 거예요. 이게 그가 날 싫어하게 된 이유랍니다. 저 사람 감히 말하지 못하고 있지만, 선생님도 아셔야 해요." 그 순간 그녀는 숄을 벗고 옷에서 팔을 빼 어깨를 드러냈습니다. 그러고는 단독丹毒 자국을 보여주었습니다.

"그가 변심한 이유는 바로 이거, 바로 이거예요! 제가 여러 날 꼬박 밤을 새운 결과가 바로 이거예요. 이 사람은 아침마다 양피지 두루마리를 갖고 와서는, 그 안에 뭐가 적혀 있는지 데루빌 씨가 빨리 알고 싶어 안달이 났다고 했어요. 내일까지 이 일을 끝내야 한다고요. 그럼 전 그렇게 했어요……"

이때, 문으로 다가오는 누군가의 발자국 소리를 들었습니다. 데루빌 씨가 왔다고 알리러 온 하인이었지요. 가르데유는 창백해졌어요. 나는 드라쇼 양더러 옷을 다시 입고 이

제 가자고 했습니다.

"아니요. 아니요." 그녀가 말했습니다. "나는 이대로 있겠어요. 파렴치한의 가면을 벗기고 싶어요. 데루빌 씨를 기다렸다가, 말하겠어요."

"그래서 무슨 소용이 있겠어요?"

그녀가 대답했습니다. "아무 소용도 없지요. 선생님이 옳아요."

"내일이면 미안해질 거예요. 잘못한 대로 그를 내버려 둡시다. 그게 당신에게 어울리는 복수예요."

"하지만 그게 그에게도 어울리는 복수일까요? 저 사람 보셨잖아요. 떠나요, 선생님. 빨리 떠나요. 제가 무슨 일을 할지, 무슨 말을 할지 알 수 없으니까요."

드라쇼 양은 흐트러진 옷차림을 눈 깜짝할 사이에 고치고, 쏜살같이 가르데유의 연구실을 빠져나갔습니다. 나는 그녀를 쫓아갔고 우리 뒤에서 문이 쾅 닫히는 소리가 들렸어요. 나는 그때 그가 문지기에게 신호를 보냈다는 걸 알게 되었지요.

나는 그녀를 집에 데려다주었습니다. 그녀 집에서는 의사 르카뮈 씨가 와서 기다리고 있었어요. 그 사람이 이 처자에게 품고 있는 정념은 그녀가 가르데유에게 느끼는 그것과 거의 다를 바 없었지요. 나는 그에게 우리의 방문에 대해 이야기했는데 그동안 그에게 온갖 분노와 고통과 혐오감의 표정들이 스쳐 지나갔습니다……

　　— 당신들이 거기서 별 성과도 못 얻었다는 이야기를 듣고, 그의 심기가 그리 나쁘지 않았던 걸 그의 표정에서 읽는 일은 그리 어렵지도 않았겠네요……

　　— 맞아요.

　　— 그게 남자죠. 그도 그 점에선 더 나을 게 없군요.

　　— 그 이별 뒤에 무서운 병이 따라왔습니다. 그 착하고 정직하고 온화하고 섬세한 의사는 프랑스에서 가장 지체 높은 여인에게라도 하지 못했을 정도로 정성껏 그녀를 보살폈어요. 그는 하루에 서너 번 그녀를 찾아갔지요. 그녀가 위중할 때 그는 그녀 방 간이침대에서 잤고요. 그녀를 가장 큰 고통 속에 빠뜨린 병이 가져다준 일말의 행복이었죠.

　　— 병은 스스로와는 가까워지게 하면서 다른 사람들에 대한 기억과는 멀어지게 하지요. 무례하지 않으면서도 마음껏 슬퍼할 구실을 주기도 하고요.

　　— 이런 성찰은 다른 데선 맞겠지만, 드라쇼 양에겐 적용되지 않습니다.

　　회복기 동안, 우리는 그녀를 위해 일과를 조정했습니다. 그녀는 재기와 상상력, 취향, 지식, 그리고 문헌학 아카데미에 받아들여지고도 남을 실력을 갖추고 있었죠. 그녀는 우리가 형이상학적 담론을 펼치는 걸 아주 많이 들었기에, 가장 추상적인 주제도 그녀에게는 친숙했지요. 그녀가 처음 시도한 일은 흄의 초기 저작들을 번역하는 것이었습니다.
나는 그것을 검토했는데, 정말이지 수정할 게 거의 없었습니다. 이 번역물은 네덜란드에서 출간되었는데 대중 독자로부터 매우 호평을 받았지요.

나의 『농아에 관한 서한』이 그 책과 거의 동시에 나왔습니다. 그녀는 아주 섬세하게 이의들을 제기했고, 나는 개정판을 내면서 그것을 그녀에게 헌정했어요. 이 개정판은 확실히 더 나았어요.

드라쇼 양은 조금 명랑함을 되찾았습니다. 의사는 우리를 가끔 식사에 초대했는데 이 식사 시간들은 그다지 슬프지 않았어요. 가르데유가 멀어져간 이후, 르카뮈의 열정은 매우 더 진전되었지요. 어느 날, 식탁에서 디저트를 먹고 있을 때 그는 너무도 정직하고 다정하게, 어린아이의 순수함과 똑똑한 남성의 섬세한 태도를 둘 다 견지한 채 자신의 마음을 표현했습니다. 그러자 그녀는 제겐 한없이 맘에 들지만, 다른 사람 맘엔 들지는 않을 것 같은 솔직한 태도로 그에게 말했습니다.

"의사 선생님, 저는 더 이상 상상할 수 없을 정도로 당신을 존경합니다. 저는 당신의 호의를 듬뿍 받고 있어요. 제가 당신께 깊이 감사하지 않는다면 저 생티아생트가의 괴물만큼이나 못된 사람이 될 거예요. 당신의 재치 있는 화법은 그 이상을 생각할 수 없을 정도로 제 맘에 든답니다. 당신은 제게 당신의 열정에 대해서 너무도 우아하고 고맙게 말씀해 주고 계세요. 그래서 당신이 더 이상 제게 그런 말씀을 하지 않으시면 분명 화마저 날 것 같아요. 당신과의 만남을 잃고 당신의 우정을 빼앗긴다고 생각하기만 해도 속이 상하네요. 당신은 더할 나위 없이 훌륭한 사람이지요. 비교할 수 없을 정도로 호인이고 성품이 온화하세요. 그 어떤 마음도 더 나은 분의 수중에 들어갈 수 없다고 생각해요. 저는 아침부터 저녁까지 당신을 사랑하게 해달라고 기도합니다. 하지만 잘해볼 생각이 없는 사람이 기도해봤자 소용이 없는 거죠. 저는 그 이상 진전이 없어요. 당신은 고통스럽겠죠. 저도 그 점에 대해서 진한 아픔을 느껴요. 저는 당신이 원하는 행복에 대해 당신만큼 자격 있는 사람을 알지 못해요. 당신을 행복하게 하기 위해서 제가 감히 하지 못할 일이 있을 것 같지도 않아요. 모든 게 예외 없이 가능하답니다. 자 선생님…… 네, 저는…… 잠을 잘 수도 있어요. 그것까지 포함해서요. 저랑 자고 싶으세요? 말씀만 하세요. 그게 당신을 위해서 제가 할 수 있는 모든 것이죠. 하지만 사랑받기 원하신다면 그건 저도 잘 모르겠군요." 의사는 그녀 말을 들으면서 손을 잡고 손에 입을 맞추고 눈물로 적셨습니다. 그리고 나, 나는 웃어야 할지 울어야 할지 알 수 없었습니다. 드라쇼 양은 그 의사를 잘 알고 있었어요. 다음 날, 나는 그녀에게 말했습니다.

"하지만 아가씨, 만약 박사가 당신 말을 곧이곧대로 듣는다면요?"

그녀는 내게 대답했습니다. "제 말에 책임졌겠죠. 하지만 그런 일은 일어날 수 없었어요. 제 제안은 그런 분께는 본질상 받아들여질 수 없는 일이었지요."

— 왜 아니죠? 내가 그 의사라면 다른 일들이 뒤따라 일어나길 기대했겠는데요.

— 네, 하지만 드라쇼 양이 그 의사 대신 당신에게 같은 제안을 할 리가 없었겠죠.

흄의 책을 번역한 것은 그녀에게 큰돈을 벌어다 주진 못했습니다. 네덜란드 사람들은 아무것도 지불하지 않으면서 마음껏 책을 내거든요.

— 우리에겐 다행이군요. 왜냐하면 우리 나라가 이렇게 정신에 족쇄를 채우고 있는데 네덜란드가 한 번이라도 저자에게 돈을 줄 생각을 한다면, 모든 출판업이 그 나라로 다 쏠려갈 테니까요.

— 우리는 그녀에게 흥미 본위의 작품을 써보라고 충고했어요. 덜 명예스럽지만 이익은 많이 날 책 말이죠. 그녀는 그 일에 네댓 달 동안 몰두한 끝에 저한테 『사랑받는 세 여자』란 제목의 짧은 역사소설을 가져왔습니다. 가벼운 문체로 섬세한 재미가 있었죠. 하지만 그녀는 미처 짐작하지 못했겠지만 — 왜냐하면 그녀는 어떤 나쁜 음모도 꾸밀 수

없는 사람이니까 ─ 거기엔 왕의 정부인 퐁파두르 후작부인의 흔적들이 수없이 박혀 있었습니다. 나는 숨기지 않고 말했습니다. 그녀가 아무리 애썼다 해도, 그런 부분을 좀 누그러트리든지 없애지 않으면 작품이 출판되었을 때 그녀가 손해를 입지 않는 것은 불가능하다고 말입니다. 그리고 그 손해는 그녀에게 다른 어떤 것으로도 보상이 안 될 거란 이야기도 했지요.

그녀는 내 관찰이 아주 옳다고 여겼고, 그 때문에 더 힘들어했습니다. 착한 의사는 그녀에게 필요한 모든 것을 미리미리 배려해주었죠. 하지만 그녀는 그런 만큼 그의 호의를 아주 신중히 받아들였어요. 그가 그렇게 베풀고 나서 자신에게 기대할 법한 보답에 자신이 별로 맞지 않음을 느끼고 있었으니까요. 게다가 그 의사는 그때 별로 부유하지 않았어요. 그는 부자가 되려고 그다지 노력하지 않았거든요. 가끔씩 그녀는 가방에서 수고본手稿本을 꺼내며 내게 슬프게 말했지요. "방법이 없어요. 그대로 놔두는 수밖에!" 나는 그녀에게 기묘한 조언을 했습니다. 그것은 바로 아무것도 순화시키지도, 바꾸지도 않고 그 작품을 퐁파두르 부인에게 보내보라는 것이었지요. 이걸 보낸 사람이 자신이란 걸 밝히는 편지와 함께. 이 생각은 그녀 마음에 들었습니다. 그녀는 모든 면에서 아주 매력적인, 무엇보다 진실하여 매력적인 편지를 썼습니다. 아무 말도 듣지 못한 채 두세 달이 흘렀습니다. 그녀는 그게 헛된 시도였다고 여기게 되었죠. 그런데 바로 그때 생루이 십자단원 한 사람이 후작부인의 답신을 갖고 그녀 집으로 왔습니다. 그 작품은 그에 합당한 칭찬을 받았는데, 그녀의 노고를 칭찬하며 맞다고 동의하기도 하고, 그로 인해 기분이 전혀 상하지 않았다는 것이었죠. 그녀는 베르사유에 초대되었습니다. 거기 오면 힘닿는 대로 도움을 주겠다면서요. 전언을 들고 온 사람은 드라쇼 양 집을 나서면서 슬쩍 벽난로 위에 50루이를 놓고 갔습니다.

나와 그 의사는 그녀가 퐁파두르 부인의 호의를 받아들이리라고 여겼습니다. 하지만 우리가 상대하는 처녀는 조심스럽고 소심하기가 이를 데 없는 여성이었습니다. "그런 넝마 같은 옷을 입고 어떻게 그 앞에 갈 수가 있겠어요!" 의사는 금세 이 어려움을 제거해주었습니다. 그녀는 옷이 해결되자 이번에는 다른 구실들을 대고, 또 다른 구실들을 댔죠. 베르사유 여행은 날로 미뤄졌고 마침내 그곳에 가는 게 더 이상 적절하지 않은 시기까지 갔죠. 이미 그 여행에 대해 우리가 더 이상 말하지 않게 되었을 때, 새로운 사자가 두번째 편지를 갖고 다시 왔습니다. 그 편지는 매우 호의에 찬 꾸짖음과 처음 편지에서와 똑같은 감사로 가득했고, 똑같은 배려도 함께 들어 있었습니다. 퐁파두르 부인의 이런 관대한 행동은 조금도 알려져 있지 않지요. 그 점에 대해 나는 그녀의 속내 이야기를 들어주고 그녀의 비밀스러운 선행들을 널리 알리는 사람인 콜랭 씨에게 말했습니다. 그는 그 이야기를 모르고 있었습니다. 그녀의 무덤이 감추고 있는 것이 그것뿐이 아니리라 생각합니다.

그렇게 드라쇼 양은 궁핍으로부터 벗어날 기회를 두 번 놓쳤습니다.

그 후 그녀는 도시의 변두리로 거처를 옮겼고 나는 그녀를 보지 못하게 되었습니다. 내가 그녀의 여생에 대해 아는 바는 고뇌와 곤궁과 비참의 이야기들뿐입니다. 그녀 집 안의 문은 완강하게 닫혀 있었고요. 그녀는 자신을 학대하는 데 재미를 붙인 그 몹쓸 사람들에게 도움을 요청했지만 허사였지요.

— 꼭 그렇더라고요.

— 의사는 그녀를 버리지 않았습니다. 그녀는 고미 다락방 지푸라기 침대 위에서 죽어갔지요. 생티아생트가의 그 작은 호랑이, 그녀의 평생 하나뿐이었던 애인은 몽펠리에와 툴루즈에서 의술을 펼치며 최고의 안락함과 더불어 재주 좋은 남자가 누릴 법한 명성, 신사라는 부당한 명성을 누렸고요.

— 하지만 세상사가 거의 다 그런걸요. 신은 착하고 정직한 타니에를 레이메르 부인에게 보내죠. 착하고 정숙한 드라쇼 양은 가르데유의 몫이 되고요. 그래야 다 잘된다는 거죠.

하지만 사람들은 내게 말할 것이다. 한 사람의 성격을 한 가지 행동으로만 판단하는 것은 너무 성급하다고, 그토록 가혹한 규칙을 적용하면 세상에 남을 사람이 없을 거라고, 기독교 복음서에 따라 천국에 받아들여지기로 선택된 사람들의 숫자보다 더 적어질 거라고, 사람이 사랑하다 변심할 수도 있다고, 여성들을 별로 믿지 않는다고 뽐내듯 말하면서도 명예와 정직성을 잃지 않을 수 있다고, 인간은 타오르는 열정을 마음대로 멈출 수도 없고 꺼져가는 열정을 마음대로 이어갈 수도 없다고, 끝없이 상상의 죄악들을 창안해내지 않아도 불한당 소리를 들을 만한 남자들은 이미 집에도 거리에도 충분히 많다고. 사람들은 또 내가 어떤 여성도 배신하지도 속이지도 버리지도 않았느냐고 물을 거다. 질문에 대답하면 계속 다른 반박이 나올 거고, 최후의 판단이 내려질 때까지 끝없이 논쟁이 이어질 거다. 하지만 양심에 손을 얹고 말해보라. 당신, 연인을 속이고 배반하는 사람들을 옹호하는 당신은 저 툴루즈의 의사를 과연 친구로 삼겠는지?…… 머뭇거린다? 그럼 얘긴 끝난 거다. 당신이 경애를 바칠 모든 여성에게 신의 가호가 함께하길 바라 마지않는다.

드라카를리에르 부인

― 특정 행위에 대한 여론의 비일관성에 대하여

— 돌아갈까요?

— 아직 이른데요.

— 저 구름 보이죠?

— 조금도 걱정하지 마세요. 구름은 저절로 사라질 겁니다. 바람이 조금 불지 않아도요.

— 확신하세요?

— 나는 더운 여름날 종종 구름을 관찰해봤어요. 비의 습기가 대기 하층부를 증기로 가득 채우고, 이것이 하늘을 감추는 어두운 베일을 만들지요. 이 수증기 덩어리는 대기 전체로 거의 똑같이 확산되고요. 그리고 이런 정확한 배분 혹은 조화에 의해서 대기는 투명하고 맑아집니다. 실험실에서 벌어지는 일이 대기 중에서는 대략 우리 머리 위에서 작용하지요. 어느새 옅어진 구름들 사이로 하늘이 점점이 보이기 시작하고, 하늘이 차지하는 부분들은 점점 더 커지고 늘어납니다. 곧 우리를 두렵게 했던 검은 어둠이 어디 갔는지 모르게 되고 하늘이 다시 맑게 갠 것에 놀라게 되지요.

— 그렇네요. 당신이 말하고 있을 때 그 말대로 자연 현상이 일어나는 것처럼 보였으니까요.

— 이는 물이 공기에 용해되는 현상의 일종일 뿐이지요.

— 찬물을 담아두는 유리컵 표면에 뿌옇게 끼는 김도 일종의 침전 현상인 것처럼요.

— 그리고 대기 속에서 헤엄쳐 다니거나 대기에 걸려 있는 거대한 구름들은 일종의 수증기로 인한 물의 과잉 상태로 볼 수 있겠네요. 포화 상태가 된 공기가 녹일 수 없는.

— 커피 잔 바닥에 깔린 설탕 조각같이.

— 아주 좋아요.

— 그럼 당신은 우리가 돌아가는 길에 뭘 보리라 예측하시나요.

— 이제까지 한 번도 본 적이 없을 정도로 별이 촘촘히 박힌 하늘을 보게 될 거예요.

— 그럼 우리는 산책을 계속할 수 있겠네요. 그러니 좀 말씀해주세요. 당신은 여기를 자주 드나드는 사람 모두를 아니까, 저기 저 지루하고 메마르고 우울한 표정의 남자도 아시겠지요. 저 사람은 저기에 자리 잡고선 아무 말도 하지 않은 채 있곤 하네요. 같이 온 사람들이 흩어질 때도 그는 살롱에 혼자 내버려 두던데요.

— 저 사람의 고통은 진짜 제가 인정할 만해요.

— 그 사람 이름은요?

— 데로슈 기사죠.

— 수전노 아버지의 죽음으로 어마어마한 재산가가 되었다는 그 데로슈요? 방탕과 염문과 여러 가지 직업으로 이름을 날린 그 사람이요?

— 그 사람 맞아요.

— 성직에 있다가 법관이 되었다가 군인이 되었다가, 온갖 변신을 했다는 그 미친 사람?

— 네, 그 미친 사람이요.

— 정말 변했네요!

— 그의 인생은 이상한 사건들의 연속이었죠. 그는 변덕스러운 운명과 분별없는 여론의 가장 불행한 희생양입니다. 그가 법조계에 들어가기 위해 성직을 버렸을 때 그의 가족은 큰 소리로 비명을 질렀지요. 그리고 언제나 자식의 뜻에 반대하는 아버지들 편을 들곤 하는 바보 같은 대중들은 일제히 그를 욕하기 시작했지요.

— 그가 법원을 떠나 군에 들어갔을 때도 또 다른 야단법석이 일어났고요.

— 하지만 그가 한 일이 뭔데요? 박력 있다는 걸 보여준 거고, 이런 건 우리 모두 자기 일이라면 자랑스럽게 여기는 것 아닌가요? 그런데 남의 일이라고 그걸 머리가 나빠서 그랬다고 판단한 거죠. 그런 사람들의 미친 듯한 험담은 나를 정말 괴롭힙니다. 정말 짜증 나고 상처를 입히는 일이죠!

— 정말 나도 데로슈를 다른 모든 사람들처럼 판단했
었다고 고백해야겠군요.

— 이런 식으로 입에서 입으로 이리저리 우스운 소문
이 나게 되면 멀쩡한 신사가 아주 시시한 사람, 바보 같은
사람이 되어버리고, 똑똑한 사람이 바보가 되고, 정직한 사
람은 사기꾼이 되고, 용기 있는 사람은 정신 나간 사람이 되
죠. 그 반대도 마찬가지고요. 아니요, 이 어리석은 수다쟁이
들이 그의 삶의 행위들에 대해서 이러쿵저러쿵 찬성하든 어
쩌든 고려할 가치가 없지요. 들어보세요, 제기랄, 당신 부끄
러워서 죽고 싶을걸요.

데로슈는 젊어서 의회 참사관으로 들어갔어요. 상황이
그에게 좋게 풀려서 그는 빠르게 대법원에서 일하게 되었
고, 그다음에는 형사재판소로 옮겨가 형벌 취지를 설명하는
사람이 되었죠. 그가 내린 결론에 따라 범인이 사형에 처해
지느냐 마느냐가 결정되었습니다. 처형 날, 원래 법원에서
판결을 내렸던 사람들이 시청에 와서 사형수에 대한 최종
처분을 받아 가는 게 관례였어요. 혹여 처리할 일이 있을까
하는 것이었는데, 바로 그날도 그런 날이었죠. 때는 겨울이
었습니다. 데로슈와 그의 동료가 불 앞에 앉아 있을 때 사형
수가 도착했다는 전갈이 왔고, 이내 고문으로 인해 탈구된
사형수가 매트리스 위에 축 늘어진 채 운반되어 왔습니다.
들어오면서 그는 일어나 하늘을 향해 시선을 돌리더니 울부

짖었지요. "하늘아, 네 판결이 옳다!" 그는 다시 매트리스 위로 쓰러졌다가 데로슈 발아래 엎드려 아주 큰 소리로 거의 호통치듯 말했습니다. "나으리, 제게 벌을 주신 분이 바로 나으리죠! 제가 죄를 저질렀고 사람들이 벌을 주었죠. 네, 그래요. 시인합니다. 하지만 당신은 아무것도 몰라요." 그 말을 듣고 모든 재판 절차를 검토해본 그는 증거가 전혀 확실하지 않으며, 심리도 전혀 공정하지 않았다는 사실이 너무도 명백함을 알아냈습니다. 데로슈는 벌벌 떨다가 일어나서는, 걸치고 있는 법복을 찢으며 사람의 목숨을 좌지우지하는 판결을 내리는 그 위험한 일을 영원히 포기해버렸습니다. 그런데 사람들이 그걸 두고 그를 미치광이라고 하는 겁니다! 스스로를 잘 알고 있으며 나쁜 풍속에 의해 성직을 더럽힐 것을 두려워했고, 어느 날 문득 자신이 무구한 사람의 피로 더럽혀진 것을 알게 된 사람일 뿐인데.

— 사람들은 이런 사정을 모르니까요.

— 잘 모르면 입을 다물어야죠.

— 하지만 침묵하려면 조심해야 하는걸요.

— 조심하는 게 뭐 그리 불편하다고요?

— 모르는 사람 하나를 위해서 잘 아는 스무 명과 척져야 하니까요.

— 아이고, 선생! 옳고 그름을 정할 때 보증인들이 그렇게 많이 필요한 건 아니라고요!

— 그럼 나쁜 일은?

— 관둡시다. 당신 때문에 내가 하려던 이야기가 딴 길로 새서 짜증이 나네요. 아무튼 그는 뭔가가 되어야 했어요. 그는 군에 자리를 하나 얻었습니다.

— 즉 자신과 똑같은 사람들에게 형벌을 내리는 직업을 버리고는, 재판 형식 하나 없이 사람을 죽이는 직업을 갖게 되었단 이야기군요.

— 어떻게 이런 경우를 갖고 농담을 할 수 있는지 이해가 되지 않네요, 정말.

— 뭘 바라나요? 당신은 슬프고, 나는 즐거운 거죠.

— 이어지는 이야기를 들으면 대중의 악의적인 험담이 가져오는 대가를 알게 될 겁니다.

— 원한다면 들어보죠.

— 이야기가 긴데.

— 좋아요.

— 데로슈는 1745년 전쟁에 참전해서 실력을 발휘했어요. 총 20만 발의 총탄을 사용했다는 그 전쟁에서 위험한 순간을 다 잘 피했는데, 그만 말이 날뛰는 바람에 다리가 부러졌지요. 사고가 난 곳은 그가 겨울을 보내려고 했던 병영으로부터 120리 내지 150리 정도 떨어져 있는 곳이었어요. 이 사고가 우리의 속 편한 호사가들에 의해 어떻게 정리될지는 신밖에 모르셨을 겁니다.

— 아무것도 슬퍼하지 않고 웃어버리는 습관이 든 사람들이 좀 있죠.

— 다리 부러진 사람 이야기가 웃음을 불러일으킨다니! 세상에! 짜증스러운 웃음꾼들이여, 맘껏 웃으시지요! 하지만 대포의 포탄을 맞고 전장에 남아 있다 총검으로 배까지 뚫려야 했던 데로슈가 어땠을지 생각 좀 해보세요. 이 사고는 인심 사나운 작은 마을에서 일어났지요. 평민네 집이건 귀족의 성이건 좋은 안식처가 없었어요. 마침내 사람들은 그를 어떤 성에 데려갔는데, 그 성은 드라카를리에르 부인이라는 그 지방 출신의 젊은 과부 소유였지요.

— 그 누가 드라카를리에르 부인 이야기를 듣지 않았겠어요? 질투심 많은 늙은 남편에게 한없이 상냥했던 그녀 이야기를 들어보지 않은 사람이 없을 정도일걸요? 탐욕스러운 친정 부모가 열네 살 때 시집보냈던 그 남편한테 그녀는 정말 상냥했지요.

— 그 나이 때는 연지를 바르고 아름다운 허리 장식을 두르기만 해도 결혼을 아주 진지하게 받아들이죠. 드라카를리에르 부인은 첫번째 남편에게 극도로 정숙하고 조심성 있는 부인이었죠.

— 믿어야죠 뭐, 당신이 그렇게 말씀하시니까.

— 그녀는 데로슈 기사를 집 안에 들여 지극정성으로 돌보았어요. 그녀는 도시에 볼일이 있었지요. 그럼에도 불

구하고, 또 끊임없이 내리는 가을비 때문에 마른 강으로 흘러가는 물이 불어나서 배를 타지 않으면 집 밖으로 나갈 수 없게 되었을 때에도, 그녀는 데로슈가 완전히 다 나을 때까지 자기 집에서 오래 머물게 해주었죠. 마침내 그는 회복되었습니다. 마차를 함께 타고 파리로 가면서 드라카를리에르 부인 곁에 앉은 기사는 젊고 부유하고 아름다운 여주인을 향해 감사의 마음과 함께 극도로 달콤한 연정을 내비쳤습니다.

— 정말 하늘이 내린 여성이었어요. 그녀가 연극을 보러 오는 것만도 센세이션을 일으킬 정도였지요.

— 당신이 그녀를 본 게 거기서였나요?……

— 맞아요.

— 몇 년 동안 그녀와 가깝게 지내면서 사랑에 빠진 데로슈는 드라카를리에르 부인 앞에서 가만히 있을 수 없었죠. 그는 몇 번이고 그녀에게 청혼했어요. 하지만 첫번째 남편에 짓눌려 지내며 겪어야 했던 고통의 생생한 기억과 더불어, 이 기사가 수많은 연애 사건을 일으킨 가벼운 남자라는 평판은 드라카를리에르 부인을 두렵게 했어요. 그녀는 이런 성격의 남자들이 변한다는 걸 믿지 않았죠. 당시 그녀는 자기 남편의 상속자들과 재판 중이기도 했고요.

— 이 재판에 대해서 무슨 뒷얘기가 있나요?

— 많지요. 그것도 갖가지로. 법조계에 수많은 친구를 둔 데로슈가 드라카를리에르 부인의 이익을 위해 뛰었을지

아닐지는 당신 생각에 맡기죠.

— 그녀가 그 점에 대해서 고마워했다고 추측할 수 있겠군요!

— 그는 끊임없이 판사네 집에 드나들었죠.

— 우스운 건 완벽하게 골절상에서 회복된 그가 꼭 목발을 짚고 친구들 집에 갔다는 겁니다. 그는 이 목발에 의지해서 회유를 더 감동적인 것으로 만들었습니다. 목발을 이쪽으로 잡았다, 저쪽으로 잡았다 하면서 말하니까 사람들은 더 주목할 수밖에 없었죠.

— 그래서 사람들은 그를 성씨가 같은 그의 조상으로부터 구별하기 위해 '목발의 데로슈'라고 불렀죠. 그러는 사이, 훌륭한 법과 기사의 비장한 목발 덕분에 드라카를리에르 부인은 승소했습니다.

— 그리고 데로슈 부인이란 이름을 갖게 되었죠.

— 당신 말대로요! 진부한 세부 사항은 듣고 싶지 않으실 테죠. 그렇게 해드릴게요. 그들은 결혼을 약속했고 마침내 결혼식 날이 왔습니다. 두 집안 친척들과 여러 친구들이 함께한 성찬이 끝나자 드라카를리에르 부인은 엄격한 태도와 단호한 어조로 기사를 향해 말했습니다. "데로슈 씨, 제 말 좀 들어보세요. 오늘 우리는 둘 다 자유롭습니다. 하지만 내일부터 우리는 더 이상 자유롭지 않게 됩니다. 당신의 행복과 불행은 저의 지배 아래 있게 될 겁니다. 그 역도 마찬

가지고요. 저는 그 점에 대해서 많이 생각했습니다. 저처럼 진지하게 생각해주세요. 지금까지 당신을 지배해왔던 바람기를 여전히 느낀다면, 제가 당신의 모든 욕망을 만족시키지 못한다면 지금 서약하지 마세요. 그 점에 대해 저는 당신께 당신과 저 자신을 걸고 간청합니다. 저는 제가 무시받을 만한 사람이라고 생각하지 않기 때문에 더더욱 모욕감을 느낄 겁니다. 저는 자존심이 강합니다. 그것도 아주 많이. 저는 증오할 줄은 모릅니다. 하지만 저만큼 경멸을 잘하는 사람도 없습니다. 그리고 한번 경멸하면 그걸로 끝이죠. 내일 교회 제단 앞에서 당신은 제 소유가 되겠노라고, 제게만 속하겠노라고 맹세하시겠지요. 잘 생각해보세요. 아직 시간이 있을 때 당신의 마음에 대고 물어보세요. 이 일은 제 생명과 관계된 일임을 염두에 두세요. 사람들은 쉽게 저를 상처 입히지요. 그리고 제 영혼의 상처는 절대 아물지 않고 영원히 피를 흘리더군요. 저는 한탄도 하지 않을 겁니다. 왜냐하면 한탄은 우선 남에게 폐를 끼치는 일이고, 종국엔 고통을 더 크게 하기 때문입니다. 동정이란 게 동정을 유발한 사람의 가치를 떨어트리는 감정이기도 하니까요. 저는 제 고통을 감출 겁니다. 그로 인해 무너져 내리지도 않을 겁니다. 기사님! 저는 당신께 저 자신과 제 재산을 바칠 겁니다. 제 의지와 환상 전부를 맡기렵니다. 당신은 제게 세상 전부가 될 거예요. 하지만 당신에게 저도 세상 전부가 되어야 합니다.

저는 거기 못 미치면 만족할 수가 없습니다. 생각해보면 저는 지금 당신에게 유일한 여성입니다. 물론 제게 당신도 그러합니다. 하지만 당신이 저보다 더 사랑스러운 여성을 만날 수도 있고, 저도 더 매력적으로 보이는 남성을 만날 가능성은 충분히 있습니다. 실제로든 단지 생각만으로든 더 근사한 사람을 만났다는 점이 바람피우는 일을 합리화시킨다면 더 이상 사회에 도덕이란 없을 겁니다. 저는 도덕적이고, 도덕적이길 원하며 당신도 그렇기를 원합니다. 제가 당신께 당장 가져달라고 주장하는 것은 상상할 수 있는 그 모든 희생이 따르는 일입니다. 자, 여기 제 권리 증서가 있습니다. 저는 절대 아무것도 타협하지 않겠습니다. 당신이 바람피운다면 단지 바람피운 남자가 되는 데 그치지 않고, 다른 양식 있는 사람들뿐만 아니라 당신 자신의 판단에 비춰봐도 최악의 파렴치한으로 여겨지게끔 저는 그 모든 일이든 다 할 생각입니다. 저 또한 당신의 배려와 존중과 온화함에 응답하지 않고 당신의 희망을 저버린다면 똑같은 벌을 받겠습니다. 제게 결코 쉽지도 즐겁지도 않은 아내의 의무들을 지우곤 했던 남편 옆에서 저는 제가 무엇을 할 수 있는지 배웠습니다. 당신은 지금 제게서 뭘 기대해야 할지 알고 계실 겁니다. 당신 자신에 대해서 두려워해야 할 점도 똑똑히 직시하세요. 기사님, 제게 말씀해주세요. 확실히 말씀해주세요. 제가 당신의 부인이 될지, 아니면 그냥 친구로 남을지를요. 선택이 어렵지는 않겠죠. 친구여, 다정한 친구여, 당신께 간청하오니, 제가 아이들 아버지를 혐오하고 기피하게 하거나, 엄습해오는 절망에 빠진 나머지 천진하게 안겨오는 아이들마저 뿌리치게 하지 마세요. 온 생명을 바쳐 제가 얼마나 그들에게서 새록새록 기쁘게 당신을 발견하고 그들의 어머니가 된 사실을 기뻐할 수 있을까요. 정숙한 여인이 친절한 남성에게 바랄 법한 가장 큰 신뢰의 표시를 제게 주세요. 제가 너무 높은 대가를 요구한다고 생각하신다면 저를 거부하세요. 상처받기는커녕, 저는 당신의 목에 팔을 감고 안길 겁니다. 당신이 사로잡은 여자들의 사랑과 당신이 불러일으킨 그들의 속보이는 칭찬들은, 당신의 정직함과 당신에게 감사한 나머지 제가 드리게 될 지극히 진실하고 감미로운 입맞춤과는 조금도 같은 가치를 지닐 수 없을 겁니다!"

— 당시 저도 이 연설을 코믹하게 만든 패러디 버전으로 들었던 것 같아요.

— 드라카를리에르 부인의 친한 친구 중 한 사람으로부터?

— 정말, 누군지 기억나는군요. 당신이 맞혔어요.

— 근데 그건 한 남자를 숲속으로 밀어 넣기에 충분하지 않았을 겁니다. 신성함이라곤 전혀 없는 평범한 사람들과는 전혀 다른 그 사람을요. "그렇게 하겠소. 그렇게 될 겁니다. 아무것도 그 이상 확실하지 않아요. 그렇게 하겠소."

모인 사람들은 처음엔 웃었지만 나중엔 눈물을 흘렸습니다. 데로슈는 드라카를리에르 부인 앞에 무릎을 꿇고는 정직하고 다정하게 말했습니다. 자신의 지나간 행위들을 더 나빠 보이게 하거나 변명해줄 만한 것들 모두 빠트리지 않고 말했지요. 그러고 나서 드라카를리에르 부인을 그가 알고 지내다 버렸던 여자들과 비교했습니다. 맞는 말이면서도 듣기 좋은 비교를 통해, 그녀와 함께 자기 자신도 안심시키고자 했던 거죠. 유행을 따르는 경향, 젊은이의 열광, 자기 고유의 것이라기보다는 풍습의 보편적인 악덕 같은 것에 대항해서 말입니다. 정말 생각하지 않았거나 약속할 수 없는 이야기는 아무것도 하지 않았어요. 드라카를리에르 부인은 그를 바라보면서 듣고 있었습니다. 그의 말과 행동을 꿰뚫어 보려고 노력했지만, 결국 모든 것을 자신에게 이롭게 해석했지요.

— 그가 진실한데 왜 안 그랬겠어요?

— 그녀가 그에게 한 손을 내밀자 그는 그 손에 키스하고, 자기 심장에 갖다 대고 또 키스하고 그러면서 눈물로 적셨습니다. 그 자리 모든 사람이 그들의 애정 표현을 함께 보았습니다. 모든 여성들이 드라카를리에르 부인처럼 느꼈고, 모든 남성들은 그 기사처럼 느꼈지요.

— 그건 모여 있는 사람들에게 오로지 똑같은 생각과 똑같은 영혼을 남기는 고상함의 효과죠. 그럴 때 얼마나 사

람들은 서로를 존중하고, 순간순간 그 모두를 서로 사랑하는지! 예를 들면 연극에서 인간성은 얼마나 아름다운지! 그런데 왜 그렇게 쉽게 갈라서는지! 고상한 한 사람이 관중들의 동의를 끌어내고 그들을 섞어서 하나로 만들 때 사람들은 얼마나 선하고 행복한지!

— 우리가 우리를 하나로 모아주는 행복감에 빠져 있을 때, 고양된 영혼의 움직임으로 도취된 드라카를리에르 부인이 데로슈에게 일어나 이렇게 말했습니다. "기사님, 아직은 믿지 않지만, 조금 있으면 당신을 믿을 거예요."

— 귀여운 후작부인이 아름다운 사촌의 이런 열광을 고상하게 즐겼겠군요.

— 그 여자는 그걸 즐기기보단 느끼도록 만들어진 사람이죠. "제단 밑에서 혼인 서약이 선포되고……" 그런데 당신 웃나요?

— 정말 용서를 빕니다. 하지만 까치발을 하고 있는 그 키 작은 후작부인이 눈앞에 보이는 듯하고, 그녀의 감격에 찬 어조를 듣는 듯해서요.

— 참, 당신은 그 사람들처럼 파렴치하고 타락했군요. 그만하겠어요.

— 더 이상 웃지 않는다고 약속할게요.

— 조심하세요.

— 자, "제단 밑에서 혼인 서약이 선포되고……"

—"……그 서약은 수많은 배반이 뒤따릅니다. 내일의 굳건한 약속도 전혀 믿을 수 없지요. 우리와 비슷한 사람들의 판단보다는 신의 존재가 더 믿을 만합니다. 데로슈 씨, 가까이 오세요. 자, 여기 제 손이요. 당신의 손도 저한테 주세요. 제게 정절과 영원한 사랑을 약속하세요. 옆에 있는 분들 앞에서 그것을 맹세하세요. 당신이 제게 속상해할 만한 일을 가져다주는 날이 온다면 저는 이 법정에서 당신을 고발하고 이들이 당신을 혐오하도록 하겠습니다. 이들이 저와 똑같이 당신을 배신자, 파렴치한, 거짓말쟁이라 불러도 된다고 해주세요. 이들은 저와 당신의 친구들입니다. 제가 당신을 잃는 순간, 이들 누구도 당신에게 남지 않으리란 점을 알아두세요. 여러분, 제 친구들이여, 그렇게 되면 그를 버리겠다고 제게 약속해주세요."

그 순간 살롱은 뒤섞인 외침 소리로 메아리쳤습니다. 약속합니다! 약속합니다! 동의합니다! 우리는 그걸 맹세합니다! 이 감미로운 소동 한가운데서 기사는 드라카를리에르 부인을 껴안고 이마와 눈과 뺨에 키스했습니다.

"아니, 기사님!"

—"하지만 부인, 예식은 끝났습니다. 나는 당신의 남편이고, 당신은 제 부인입니다."

—"원시림에서라면 틀림없죠. 하지만 여기선 관례적인 형식이 필요해요. 좀더 기다리세요. 자, 제 초상화입니다.

마음에 들면 가지세요. 당신 편에서는 만들어둔 게 없나요? 만약 있다면 제게 그걸 주세요."

데로슈는 자신의 초상화를 드라카를리에르 부인에게 내밀면서 그녀의 팔 위에 얹었습니다. 그날 이후 그녀는 데로슈 부인이 되었습니다.

— 그다음 그들이 어떻게 되었는지 정말 빨리 알고 싶군요.

— 좀 기다리세요. 이야기가 길다고 했지요. 나는 약속을 지키거든요. 하지만…… 그래요…… 그때가 당신이 멀리 여행 중일 때였군요. 그때 당신은 이 나라에 없었지요.

2년, 2년을 통틀어 데로슈와 그의 부인은 아주 꼭 붙어서 행복한 부부로 살았어요. 사람들은 데로슈가 정말 바뀌었다고 생각했고 그건 사실이었어요. 그가 방탕했던 때의 친구들은 이 이야기를 듣고는 아주 재밌어하면서 그를 진짜 불행한 가톨릭 신부라고 했지요. 아마 2천 년이 지나면 드라카를리에르 부인은 그 맹세의 저주가 진짜 어떤 것이었는지 비로소 느끼게 될 거라고 놀렸지요. 데로슈는 드라카를리에르 부인한테서 자식을 얻었습니다. 편한 대로 데로슈 부인이라고 부르죠. 그녀는 아기 키우는 일만 하고 싶어 했어요. 뜨거운 기질을 지녔으며, 이런 종류의 통제에 별로 맞지 않는 젊은이에게는 너무 길고 고통스러운 접근 금지령을 내렸어요. 데로슈 부인이 자기 임무에 충실한 동안, 그녀의 남편은 사교계에 출입했어요. 어느 날 불행히도 그는 길에서 매력적이고 애교스러운 여성을 만났습니다. 자기 집에서는 못 누리는 어떤 교감을 다른 곳에서 맛보고 싶어서 속으로 안달이 나 있는 그런 여성들 중 하나였지요. 그들을 알고 위로할수록 그 비참 속으로 끌고 들어가는 것 같은 여자들 말이에요.

— 당신 이야기지요. 하지만 그의 이야기는 아닙니다.

— 데로슈는, 스스로를 알고 있었고, 자기 부인을 알고 있었고 존중했으며 두려워했던 데로슈는……

— 다 같은 소리죠.

— ……그녀 곁에서 낮 시간을 보냈습니다. 그는 아이에게 푹 빠져 있었고, 부인만큼이나 아이를 많이 안고 있었지요. 부부가 둘 다 아는 친구들과 함께 고귀하지만 고통스러운 임무의 부담을 덜고 있었습니다. 여러 가지 가정적 즐거움을 누리면서 말이죠.

— 참 아름다운 얘기네요.

— 물론이죠. 그의 친구 중 한 사람이 정부가 벌이는 사업에 관여하게 되었습니다. 그 부서는 그에게 상당한 금액의 빚을 지고 있었어요. 그것은 그의 전 재산에 가까운 상당한 금액이었는데 계속 돌려주겠다고 하면서 갚지 않았죠. 그는 데로슈와 그 문제에 대해서 터놓고 이야기했습니다. 데로슈는 이 일을 끝내기 위한 수를 생각해보다가, 자신

이 예전에 아주 가까웠던 매우 권력 있는 여자가 생각났어요. 그는 그 이야긴 하지 않았습니다. 하지만 다음 날 이 여자를 만났고 그녀에게 그 말을 했습니다. 그녀는 자신이 그토록 다정스럽게 사랑했으나 야망 때문에 희생시켜야 했던 그 세련된 남자를 다시 만나, 그에게 도움을 주는 일을 하게 되어 매우 기뻐했습니다. 이 여자는 매력적이었습니다. 그녀는 부정을 저질렀지만, 그녀가 그 점에 대해서 스스로를 설명하는 방식은 전혀 모호하지 않았습니다. 반면 데로슈는 자기가 하는 일에 대해 별로 확신이 없었습니다.

　― 정말이지 나는 그 이유를 모르겠군요.

　― 반쯤은 취향과 무기력함 또는 허약함, 또 반쯤은 의혹이나 하찮은 염려 때문에……

　― 자기 부인과는 상관없는 향락에 대한……

　― ……그는 자기 친구 뒤를 봐주는 여성이 적극적으로 다가오는 걸 늦추지 않았고, 그 협상을 성공적으로 해내는 것도 늦추지 않았지요. 그는 잠깐 데로슈 부인을 잊고, 비밀을 지키는 것이 가장 중요하다는 꿍꿍이에서 다음부터는 편지로 만남이 계속되어야 한다고 생각했어요. 그들은 자주 만나진 않았지만 자주 편지를 썼지요. 나는 그 연인들에게 수없이 말했습니다. 절대 편지는 쓰지 말라고. 편지는 언젠가 당신들 품 안을 빠져나간다고요. 조만간 우연히 한쪽의 주소가 밝혀지게 됩니다. 우연은 모든 경우의 수들을

조합하게 되어 있습니다. 파국적인 순간이 오는 것은 시간 문제죠.

　　— 모두 당신 말을 믿지 않았군요?

　　— 그래서 모두가 망했죠. 데로슈는 수많은 선후배들처럼 그렇게 되었습니다. 그는 자기 편지들을 뚜껑이 둥글고 옆면이 쇠로 둘러싸인 작은 상자 안에다 보관했지요. 그가 도시에 있건 시골에 있건 그 상자의 열쇠는 꼭 비서가 갖고 있었어요. 여행 중에도 마차 앞자리에 있는 데로슈의 가방 하나에 상자만은 잘 모시고 다녔고요. 문제의 그 순간에도 그 상자는 거기 있었지요. 외출했다 돌아오는 길, 데로슈는 마차에서 내리면서 그 상자를 자기 방에 갖다 놓으라고 하인에게 건네주었습니다. 그 방은 꼭 부인 방을 거쳐서만 갈 수 있게 되어 있었는데 고리가 깨지면서 상자가 밑으로 떨어졌고, 뚜껑이 날아갔습니다. 수많은 편지들이 데로슈 부인의 발아래 흩어졌지요. 그중 몇 개를 주워 보고 나서 그녀는 자기 남편이 배신했다고 확신하게 되었습니다. 그녀는 이 순간을 회상할 때마다 부르르 떨더군요. 그녀는 제게 말했어요. 온몸에서 식은땀이 흘러나왔고, 마치 쇠갈퀴가 심장을 옥죄고 창자를 마구 잡아당기는 듯했다고요. 이걸 어떻게 할까? 뭘 하지? 그녀는 가까스로 자신을 추슬렀어요. 남아 있는 이성과 힘을 다 짜냈죠. 우선 편지들 중에서 가장 의미심장한 것들을 골랐습니다. 그녀는 상자 속을

다시 정리하고는, 하인에게 그 상자를 남편 처소로 갖다 놓으라고 명했어요. 당장 쫓겨나지 않으려면 무슨 일이 있었는지 말하지 말라는 엄명과 함께. 그녀는 앞서 데로슈에게 그녀 입에서 어떤 한탄도 듣지 못할 거라고 약속했었지요. 그녀는 약속을 지켰어요. 하지만 슬픔이 그녀를 사로잡았습니다. 그녀는 가끔씩 눈물을 흘렸지요. 집에서나 산책 중일 때나 혼자 있고 싶어 했어요. 그녀는 계속 침묵을 지켰습니다. 자신도 모르게 가끔 한숨이 터져 나왔지요. 몹시 안타까워했지만 영문을 모르는 데로슈는 이 우울한 상태를 아이 키우는 부인들 누구나 걸릴 수 있는 병으로 여겼어요. 얼마 안 가서 부인의 건강은 악화되었고 시골을 떠나 도시로 돌아와야 할 지경에 이르렀습니다. 그녀는 남편과 다른 마차를 타고 돌아오겠다고 고집했어요. 돌아오고 나서 그녀는 아주 신중하고 노련하게 착착 절차를 진행시켰습니다. 데로슈는 편지가 줄어든 것을 전혀 눈치채지 못한 채, 그녀의 무관심과 가끔씩 터져 나오는 한숨과 애써 참는 눈물과 혼자 있고 싶어 하는 것을 그저 그가 짐작하고 있는 병에 늘 따르는 증상쯤으로 치부하며, 약간 비웃듯 자신의 아내를 바라보았습니다. 가끔 그는 그녀에게 수유를 중지하라고 조언했어요. 그것은 정확히 그의 맘에 드는 만큼, 그녀와 남편 사이의 갈등 해소를 막는 방법이기도 했습니다. 그래서 데로슈는 자기 부인 옆에서 계속 살면서도 그녀가 왜 그렇게 이상하게 행동하는지 전혀 모르고 있었지요. 어느 날 아침, 결혼식 전날 집에서 베푼 연회에서 입었던 옷을 입고 똑같이 치장한 그의 부인이 고상하며 위엄 있는 모습으로 나타났습니다. 그녀를 남몰래 소진시켜온 비밀스러운 고통은 그녀에게서 신선함과 통통함과 매력을 앗아갔지만, 그녀는 태도의 고상함으로 인해 다시금 새롭게 꾸며졌지요. 데로슈는 자신의 부인이 들어왔을 때 여자 친구에게 편지를 쓰고 있었어요. 둘 다 마음의 동요에 사로잡혔지만, 둘 다 똑같이 능란하고 숨기는 일에 골몰하여 이 혼란은 단지 잠시 지나가는 것으로 끝나고 말았습니다. "오, 내 아내!" 데로슈는 부인을 보고 심심풀이하듯 자신이 쓴 편지를 구기면서 외쳤습니다. "당신 정말 아름답군요. 오늘 계획은 어떻게 되죠?" "네, 두 집안사람들을 모으려고요. 우리의 친구들, 부모님들을 초대했어요. 당신도 오리라 믿어요." "물론이죠. 언제 가길 바라죠?" "언제요?…… 보통 때처럼." "부채를 들고 장갑을 꼈군요. 외출하나요?" "당신이 허락하시면." "어디 가는지 알 수 있을까요?" "어머니 댁에요." "내가 존경하는 마음도 꼭 전해줘요." "당신의 존경하는 마음요?" "물론이죠."

데로슈 부인은 식사가 시작되려고 할 때에야 돌아왔습니다. 손님들은 이미 와 있었죠. 사람들은 그녀를 기다리고 있다가 그녀가 나타나자마자, 그녀의 남편이 했던 것과 똑같은 탄성을 터뜨렸습니다. 남녀가 모두 그녀 주변으로 모여들어 한꺼번에 똑같은 말을 했지요. "세상에, 너무 아름다워요!" 여자들은 그녀 머리가 약간 흐트러진 것을 바로잡아 주었습니다. 남자들은 좀 떨어져서 찬사를 늘어놓으며 꼼짝하지 않았고요. 사람들 사이에서는 이런 말이 반복되었습니다. "아니, 신도 자연도 이보다 더 품위 있고 고상하고 아름답고 완벽한 존재는 결코 만들어낼 수 없을 거야." 그녀에게 데로슈가 말했습니다. "부인, 당신이 우리에게 어떤 인상을 주는지 당신은 절대 다 못 느끼는 것 같아요. 웃지 말아요. 그런 매력을 갖고 있으면 단 한 번 웃어도 그 모든 감각을 현혹할 테니까요." 데로슈 부인은 가볍게 화난 동작을 하고 고개를 돌려 눈가에 손수건을 가져갔습니다. 손수건은 이미 젖기 시작했습니다. 이 모든 것을 보고 있던 여자들은 아주 작은 소리로 수군댔습니다. "아니 뭐 하는 거죠? 울고 싶은 가 봐요." 그것을 눈치챈 데로슈는 손을 이마에 가져가 부인의 머리가 약간 아픈 것 같다는 표시를 했습니다.

　— 아름다운 드라카를리에르 부인, 아름다운 데로슈 부인이 미쳤다는 소문이 은연중에 퍼져 있다는 편지를 예전에 누군가 저한테 쓴 적이 있어요.

　— 식사가 나오기 시작했습니다. 드라카를리에르 부인의 얼굴 말고는 모든 사람의 얼굴이 기뻐 보였죠. 데로슈는 그녀의 위엄 있는 태도를 가볍게 놀렸어요. 자신이나 친구들의 이성을 그런 일에 사용해온 적이 거의 없어서 미소 하

나가 갖는 위험성을 두려워하지 못했던 거죠. 드라카를리에르 부인은 듣지 않는 척하면서 심각한 태도를 계속 가져갔습니다. 여성들은 모든 표정들이 그녀에게 썩 잘 어울린다고 말하면서 아무려나 좋다고 말했습니다. 식사가 끝났습니다. 사람들은 살롱 안으로 다시 들어갔습니다. 사람들이 모였고 드라카를리에르 부인은……

— 데로슈 부인이요?

— 아니요, 더 이상은 그렇게 부르고 싶지 않군요. 드라카를리에르 부인은 벨을 눌러 신호를 보냈습니다. 사람들이 그녀에게 아이를 데려다주었지요. 그녀는 떨면서 아이를 받아 안았어요. 가슴을 열어 젖을 빨린 후 아이를 슬프게 바라보고 키스하고 눈물로 아이의 얼굴을 적신 후 하녀에게 넘겨주었습니다. 그녀는 눈물을 닦으면서 말했지요. "이게 마지막은 아닐 거야." 이 말이 하도 작아서 사람들은 거의 알아들을 수가 없었지만 이 광경 자체로 모든 참석자들을 감동시켰고 살롱 안에는 깊은 침묵이 퍼졌습니다. 그때 드라카를리에르 부인이 일어나 함께 모인 사람들에게 다음과 같이 말했습니다.

"부모님, 친구들, 여러분은 제가 데로슈 씨에게 약속하고 그가 저에게 약속한 그날 모두 함께 계셨던 분들이지요. 제가 그 손을 받아들이면서, 또 제 손을 그에게 주면서 내건 조건들을 여러분은 아마도 기억하실 겁니다. 데로

슈 씨, 말씀하세요. 저는 제 약속에 충실했나요?" "불안할 정
도로." "그런데 당신, 당신은 저를 속였군요. 저를 배반했어
요." "내가 부인을!" "당신이요." "누가 불행하고 비열하단 말
인지……" "여긴 불행한 사람이 저밖에 없고 비열한 사람은
당신뿐입니다." "부인, 내 아내여……" "저는 더 이상 당신의
아내가 아니에요." "부인!" "선생님, 배신을 해놓고 거짓말과
교만함을 보태지 마세요. 스스로를 방어하려 할수록 자꾸만
더 혼란스러울 겁니다. 당신 자신에게 그런 수고를 덜어주
세요."

이 말을 마친 후 그녀는 주머니에서 편지들을 끄집어내
서 그중 일부를 데로슈 쪽으로, 또 다른 일부를 다른 참석
자들에게 나눠주었습니다. 사람들은 그걸 받았지만 읽지는
않았습니다. 드라카를리에르 부인이 말했습니다. "신사 숙
녀 여러분, 읽고서 판단해주세요. 아무 말씀 안 하시고 여기
서 나가실 수 없습니다." 그리고 데로슈에게도 말했습니다.
"당신, 당신은 무슨 글이 씌어 있는지 아시겠지요." 사람들
은 여전히 머뭇거렸습니다. 하지만 드라카를리에르 부인의
계속된 요청에 따라 그들은 읽기 시작했습니다. 그동안 데
로슈는 떨면서 사람들로부터 등을 돌려 꼼짝 않고 유리창
에 머리를 기대고 서 있었습니다. 그의 친구들 중 하나가 그
런 그에게 동정심을 느껴 그의 손을 잡고 방 밖으로 데리고
나갔습니다.

— 이 장면을 자세히 말해준 사람이 있었는데, 그는 완전히 넋이 나갔고 그녀는 정말로 우스꽝스러웠다고 하더라고요.

— 데로슈가 나가니 분위기가 좀 편해졌어요. 사람들은 그의 실수를 인정했습니다. 그리고 드라카를리에르 부인이 그를 너무 멀리 내치지 않으면 좋겠지만 그녀의 분노도 이해한다고 했고요. 사람들은 그녀를 압박했고 간청했고 탄원했지요. 데로슈를 데리고 나갔던 친구는 들어갔다 나갔다 하면서, 일어나고 있는 일을 그에게 알렸어요. 그러나 드라카를리에르 부인은 자기 입장을 더 이상 조금도 설명하지 않으면서 요지부동이었습니다. 사람들이 자신에게 하는 모든 말에 똑같이 대답했어요. 여성들에게는 이렇게 말했지요. "여러분, 저는 당신들의 너그러움을 조금도 비난하지 않겠습니다." 남자들에게는 "여러분, 그럴 수는 없어요. 믿음이 없어졌어요. 남아 있는 게 하나도 없어요"라고 말했습니다. 사람들이 그녀의 남편을 데려왔습니다. 그는 살아 있다기보다는 죽은 사람 같았지요. 그는 자기 부인 발아래 쓰러지듯 몸을 던지고 아무 말도 하지 않은 채 그렇게 있었습니다. 드라카를리에르 부인은 그에게 말했습니다. "선생님, 일어나세요." 그가 일어나자 그녀는 덧붙였습니다. "당신은 나쁜 남편입니다. 당신이 바람둥이인지 아닌지, 난 그걸 알게 되었지요. 나는 당신을 사랑할 수도, 존경할 수도 없습니다.

우리가 함께 살 수 없다고 당신에게 선언합니다. 나는 재산을 당신한테 주겠어요. 나와 내 아이가 사는 데 필요한 만큼 말고는 요구하지 않습니다. 어머니도 이미 아십니다. 그분 댁에 거처를 준비해뒀어요. 내가 곧바로 그리 가는 걸 허락하시겠지요. 내가 요구하는 건 단 한 가지고 나는 그 정도의 혜택은 받을 만한 권리가 있다고 생각합니다. 그것은 내 계획을 어차피 바꾸지도 못할 텐데, 당신이 괜히 반대함으로써 내가 잔인한 말을 자꾸만 더 하게 만들 뿐일 그런 소동은 자제해달라는 것, 그뿐입니다. 내가 아이를 데려가도 참아주세요. 나는 내 어머니가 내 눈을 감겨주시거나 내가 어머니 눈을 감겨주게 되는 날을 기다리겠습니다. 괴로우시더라도 내 고통과 내 어머니의 노쇠가 일찍 끝나리란 것을 믿어주세요."

그 말을 하는 동안 모든 사람 눈에서 눈물이 흘러내렸습니다. 여성들은 그녀의 손을 잡았고, 남자들은 머리를 숙이고 있었지요. 하지만 드라카를리에르 부인이 아이를 팔에 안고 문을 향해 가자 흐느낌 소리와 비명 소리가 들렸습니다. "부인! 부인! 내 말 좀 들어봐요. 당신은 몰라요." 남자들도 소리를 질렀습니다. 여자들도 소리를 질렀습니다. "데로슈 부인! 부인!" 그 남편이 소리쳤습니다. "친구들! 저 사람을 그냥 가게 내버려 두시려고요? 붙잡아주세요, 붙잡아주세요. 내 말 좀 들어보라고 하세요. 내가 저 사람에게 말 좀

하게 해주세요." 사람들이 그에게 그녀 앞에 몸을 던지라고 종용했을 때, 그는 말했습니다. "아니요, 나는 못 해요, 나는 감히 못 해요. 내가 그녀에게 손을 내밀라고요! 그녀를 만지라고요! 나는 그럴 자격이 없습니다."

드라카를리에르 부인은 떠났습니다. 그녀가 스스로에게 가한 일들로 지쳐버린 채 어머니 댁에 도착했을 때 나는 그곳에 있었습니다. 세 명의 하인들이 마차에서 그녀를 내려 머리와 발을 들고 옮겼습니다. 시체처럼 창백해진 하녀가 잠든 아기를 품에 안고 그녀를 뒤따랐습니다. 사람들은 이 불행한 여인을 간이침대 위에 눕혔습니다. 거기서 그녀는 오랫동안 움직이지 않고 그대로 있었습니다. 그녀의 연로하고 존경스러운 어머니의 눈 아래서. 그 어머니는 소리는 내지 않고 입만 벌린 채 딸 주변에서 움직이며, 딸을 구해내고 싶어 했지만 어찌할 바를 몰라 하고 있었습니다. 마침내 의식이 돌아왔습니다. 눈을 뜨면서 처음 하는 말이 이랬습니다. "죽지 않았구나. 죽는 게 훨씬 더 나은데! 어머니, 거기 제 곁에 있어주세요. 둘이 같이 죽어요. 하지만 우리가 죽으면 누가 이 가엾은 아가를 돌볼까요?"

그녀는 어머니의 마르고 떨리는 두 손을 한 손으로 잡고 다른 한 손은 아이에게 얹었습니다. 그녀는 통곡하기 시작했습니다. 그녀는 흐느꼈지요. 그녀는 뭔가 말하고 싶어 했지만 그 흐느낌은 심한 딸꾹질로 툭툭 끊겼습니다. 몇 마

디 할 수 있게 되자 그녀가 말했습니다. "그가 나만큼 괴로
워하는 게 가능이나 할까!" 그동안 사람들은 데로슈를 열
심히 위로하면서, 그의 경우처럼 가벼운 잘못에 대한 반감
은 그리 오래갈 수 없을 것이라고 했습니다. 하지만 잠깐이
라도 이 민감하고 상처받은 여성의 자존심을 생각해봤어야
합니다. 예외적인 절차의 단호함은 명예심 때문에 더 격렬
한 모습을 보이게 된다는 점도요. 남자들은 말했습니다. "그
건 어느 정도 우리의 잘못이지……" 여자들은 말했습니다.
"정말 그래요. 하지만 우리가 그녀의 숭고한 꼭두각시놀음
을 그냥 보통 사람이나 백작부인의 눈으로 보았다면 지금처
럼 우리가 슬퍼하는 일은 일어나지 않았을 텐데요…… 그런
일은 장엄한 형식을 갖추고 행해졌기 때문에 우리한테 깊은
인상을 남기고, 일종의 찬탄까지 하게 된 거죠. 사실은 그저
으쓱하고 웃어버리면 그만일 일이었는데요. 이 마지막 장면
이 만들어내게 될 결과는 사람들이 모두들 귀에 못이 박히
게 말한 것처럼 뻔한 거죠."

— 우리끼리 하는 말이지만 그런 것 같군요.

— 그날부터 드라카틀리에르 부인은 미망인일 때 갖고
있던 이름을 되찾았고, 데로슈 부인이라고 부르는 걸 절대
용납하지 않았습니다. 그녀의 문은 오랫동안 모든 사람들에
게 닫혀 있었고, 남편에게도 그러했지요. 그는 편지를 썼지
만, 그녀는 읽지 않고 태워버렸어요. 드라카틀리에르 부인

은 자신의 가족과 친구들에게 누구라도 먼저 그와 중재를 하려 들 경우 다신 보지 않겠다고 선언했지요. 신부님들이 개입해보아도 소용이 없었습니다. 세상의 거물들도 중재를 하려 했지만 그녀가 너무도 도도하고 단호하게 거절하였기 때문에 금세 물러설 수밖에 없었지요.

— 분명 그들은 그녀가 자존심으로 똘똘 뭉친 고집쟁이라고 했겠군요.

— 여러 사람들이 다들 설득하려 했지만 결과는 다 똑같았어요. 그동안 그녀는 우울증에 빠져들어갔고 건강 상태도 급속도로 나빠졌지요. 많은 사람들이 이 예상치 못한 결별과 그 원인을 알게 되었고, 이 일은 곧 모든 사람들의 이야깃거리가 되었습니다. 가능하다면 이제 드라카를리에르 부인으로부터 대중으로 주의를 돌려보도록 하죠. 이 바보 같은 대중의 무리는 우리를 판단하고 우리의 행복을 좌지우지하고 우리를 발가벗기고 진흙탕 속에 빠트려 끌고 다닙니다. 힘이나 덕이 있는 사람에게는 더 그러지요. 대중이란 이름의 노예들은 독재자의 수양아들이어서 그들을 사흘 이상 지배할 수도 없을 겁니다.

드라카를리에르 부인의 행동에 대해서는 단 한 가지 견해만이 있었습니다. "그 여자는 감금해야 할 정도로 미쳤어요…… 그걸 모범 삼아 따른다면 아마 한 4분의 3 정도 되는 부부들이 헤어져야 할걸요! 4분의 3? 엄밀히 말해서 백

명 중에서 두 명 정도나 그렇게 엄격하게 정절을 지킬까요?…… 드라카를리에르 부인은 몹시 사랑스럽고, 그 점에 있어서는 조금도 반박할 수 없지요. 그녀 스스로 조건을 제시했고, 그건 뭐 그럴 수 있어요. 그녀는 아름다움과 덕성과 정직함 그 자체니까요. 그리고 사실 데로슈 기사는 모든 것을 그녀에게 빚졌잖아요. 하지만 자기 남편한테 우리 나라를 통틀어 유일한 여자이길 원한다는 건, 아무래도 너무 우스꽝스러운 요구지요." 그리고 계속 말을 이어가곤 했습니다. "또 데로슈는 그 일 때문에 얼마나 상처를 입었을까요. 그는 왜 법에 호소해서 이 여자를 정신 차리게 만들지 않을까요?"

데로슈나 그의 친구들이 스스로에 대해 설명하려 했다 한들 그들이 뭐라고 말했을지 생각해보세요. 모든 상황이 그들을 입 다물게 했지요. 그런 이야기는 데로슈 기사의 귀에는 다 쓸모없는 것이었어요. 자신의 부인을 되찾기 위해서라면 그도 폭력을 제외하면 무슨 일이든 다 해보았을 테니까요.

드라카를리에르 부인은 매우 존경받는 여인이었습니다. 그래서 그녀를 비난하는 이야기들 속에서도 그녀를 감히 옹호하는 발언들이 하나둘 나오곤 했지요. 매우 머뭇거리면서 자신감 없이 약하고 아주 조심스럽게, 정정당당하기보다는 매우 확신이 없는 목소리이긴 했지만요.

─ 매우 모호한 상황에서는 끊임없이 거짓이 진실의 자리를 차지하지요.

─ 잘 보셨군요.

─ 지속되는 불행은 모든 사람을 화해시킵니다. 아름다운 여성이 매력을 잃으면 다른 여성들과 화해하게 되지요.

─ 더더욱 맞는 말이네요. 실제로 아름다운 드라카를리에르 부인이 뼈만 앙상해지자, 비난의 목소리에 동정의 목소리가 섞이게 되었어요. "한창때에 시들어버려서 저렇게 되다니요. 이 모든 게 저 여자가 그토록 경고했던 사람, 부인을 그토록 잘 아는 남편의 배반에서 비롯되었죠. 그 남자는 부인이 자기한테 해준 그 모든 걸 그런 식으로밖에는 보답할 수 없었던 걸까요. 우리들끼리 하는 말이지만 데로슈가 그 여자와 결혼했을 때, 망토와 칼 말고는 아무것도 없는 브르타뉴 애송이에 지나지 않았잖아요…… 불쌍한 드라카를리에르 부인 같으니! 정말 슬픈 일이에요…… 아! 그런데 왜 그런 걸까요? 저마다 성격이 다르기 때문이죠. 그 여자 좀더 평범했으면 여지가 있었을 텐데요. 지체 높은 분들은 다시금 생각해볼 수도 있는 일인데요."

이런 식으로 사람들이 저고리 수를 놓거나 뜨개질을 하면서 이 이야기를 가지고 좋은 쪽으로든 나쁜 쪽으로든 즐기고 있을 때, 미묘하게 저울추는 드라카를리에르 부인 쪽으로 기울어져 있었지요. 데로슈도 정신과 육체가 참담할

대로 참담해졌지만 아무도 그를 안중에 두지 않았어요. 그는 시골로 가버렸습니다. 거기서 그는 고통과 권태 속에서 일말의 동정심을 기다리고 있었지요. 그 모든 예종의 길들을 통해 헛되게 간청하는 것이었습니다. 한편 드라카를리에르 부인은 극도로 빈약하고 허약해져서 아이 젖 먹이는 일을 유모한테 맡길 수밖에 없었습니다. 그러면서도 그녀는 젖이 바뀌면 잘못될까 봐 걱정했는데, 바로 그 일이 일어났습니다. 하루하루 아이가 말라가다가 그만 죽고 만 거죠. 그때 사람들은 말했지요. "알지요? 그 불쌍한 드라카를리에르 부인이 아기를 잃었대요…… 어떤 일로도 위안이 안 될 텐데요…… 위로를 받을 수 없는 상태라지요? 상상할 수 없게 괴롭겠지요. 내가 본 적이 있는데 정말 불쌍하던걸요. 참을 수 없을 정도였어요…… 그런데 데로슈는? 남자들 이야긴 하지도 마요. 그 사람들은 호랑이들이지요. 부인이 자기한테 조금이라도 소중했다면 그렇게 시골로 갔겠어요? 달려가 무릎이라도 꿇어보았나요? 길에서든 교회에서든 그 여자 집 문 앞에서든 그녀를 죽자고 따라다녀본 적이라도 있나요? 정말 간절히 두드리면 열리는 법인데요. 계속 거기서 잠자고 죽어가면……" 사실 그건 데로슈가 빠짐없이 다 해본 일이었는데 사람들이 모를 뿐이었습니다. 하지만 중요한 건 아는 게 아니라 말하는 것이었지요. 그래서 사람들은 이렇게 말했습니다…… "아이가 죽었대요. 이 아이도 제 아버지

같은 괴물이 안 될지 누가 알아요?" "그 엄마 다 죽게 생겼네요…… 남편은 도대체 그 시간에 뭐 한 거죠?" "좋은 질문이네요. 개들 산책시키러 숲으로 갔고, 밤에는 자기랑 같은 부류의 인간들과 진탕 마셨지요 뭐." "그러면 그렇지."

다른 사건도 있었습니다. 결혼 당시 데로슈는 때마침 군에서 승진했지만 드라카를리에르 부인이 그에게 군을 떠나라고 요구했고, 그래서 그 자리를 그 동생에게 양보했지요.

— 데로슈한테 동생도 있나요?

— 아니요. 드라카를리에르 부인의 동생 말입니다.

— 그런데요?

— 그런데 글쎄 이 젊은이가 처음 나간 전투에서 죽은 겁니다. 그러자 여기저기서 이런 비명 소리가 터져 나왔어요. "이 사람과 함께 이 집안에 불행이 들이닥쳤어요!" 그 사람들 말을 듣고 있으면 마치 그 젊은 장교가 데로슈 손에 직접 죽은 것처럼 생각될 지경이었죠. 이런 식의 말도 안 되는 생각들이 상상할 수 없을 만큼 광적으로 퍼져나갔죠. 드라카를리에르 부인의 고통이 한없이 이어질수록 데로슈의 평판은 점점 더 나빠졌고 그의 배신에 대한 소문은 과장되어 퍼졌습니다. 죄가 없다고도, 있다고도 할 수 없는 그는 점점 더 악명 높은 사람이 되어갔고요. 이게 다인 줄 아세요? 아니, 아니요. 드라카를리에르 부인의 어머니는 연세가 일흔 여섯이 넘은 분이었어요. 손자의 죽음과 자기 딸이 겪는 고

통을 지켜보는 건 끔찍한 일이었고, 명이 줄어들고도 남았어요. 게다가 그녀는 노쇠했지요. 아무려나 사람들은 그분이 이미 연세 드신 분이란 걸 잊었어요. 그래서 데로슈는 그 어머니가 돌아가신 것에도 책임 있는 사람이 되어버렸지요. 사람들은 대번 이런 말을 내뱉었어요. "참 불행한 사람이죠. 정말 드라카를리에르 부인이 있는 수치심 없는 수치심 다 내팽개치지 않는 한 이런 사람을 가까이할 수는 없을 거예요. 어머니, 동생, 아들의 살인자 아닌가요!"

— 이런 기막힌 논리를 따라가면 드라카를리에르 부인이 죽었을 때, 무엇보다 길고 고통스러운 병을 앓다 죽었을 때 정말 제멋대로 흘러가는 여론의 미움을 엄청 받았겠군요. 사람들은 그를 한 집안사람 모두를 죽인 가증스러운 살인자로 보았겠네요.

— 바로 그 일이 일어났고, 사람들은 정말 그렇게 굴었지요.

— 세상에!

— 못 믿겠으면 여기 있는 사람들 몇에게 물어보세요. 그들이 어떻게 말하는지 알게 될 겁니다. 그가 살롱에 혼자 있게 된 이유도, 그가 나타나자마자 모두가 다 그에게 등을 돌렸기 때문이지요.

— 도대체 왜요? 사람들은 이미 남자란 다 도둑놈이란 걸 알고 있잖아요. 그렇다고 해서 안 받아주진 않잖아요.

──그 사건이 일어난 지 얼마 안 지나서 그래요. 그리고 저 사람들 모두가 고인의 가족이나 친구들이거든요. 드라카를리에르 부인은 올해 성령강림대축제의 둘째 날 죽었습니다. 큰 교구 미사가 열려 사람이 많이 모인 생퇴스타슈 교회에서.

──세상에, 무슨 일이래요! 사람은 자기 침대에서 죽는 겁니다. 도대체 누가 자기는 교회에서 죽을 거라고 생각하겠어요? 이 여자는 끝까지 이상하게 굴기로 작정했군요.

──네, '이상하다'는 말이 맞지요. 하지만 그 여자 스스로는 더 낫다고 여겼어요. 죽기 전 고해성사를 했거든요. 자기 집에서 성사를 받는 대신 교회에 가서 받을 수 있는 정도의 힘은 충분히 남아 있다고 여겼나 보죠. 사람들은 그녀를 의자로 데려갔어요. 그녀는 신음하거나 아파하는 기색 없이 기도 소리를 듣고 있었어요. 성찬식을 할 차례가 다가왔습니다. 그녀의 여자 친구들은 그녀를 팔로 부축하여 제단까지 데려갔어요. 신부가 성체를 주는 순간 혼자만의 생각 속으로 빠지듯이 머리를 숙이더니 곧 숨을 거두었습니다.

──숨을 거두다니!……

──네, 당신이 말씀하신 것처럼 정말 그녀는 이상하게 죽었지요.

──신은 이 야단법석을 이해하실까요.

──그건 그쯤 해둡시다. 나머지 이야기는 짐작할 수 있

지요. 다음 이야기로 넘어가요.

— 그거야 뭐, 그 일로 인해 그 여자는 백 배는 더 흥미로운 인물이 되었고, 그는 반대로 백 배는 더 혐오스러운 사람이 되었겠죠.

— 말할 필요도 없지요.

— 그런데 그게 다가 아닌가요?

— 그럼요. 드라카를리에르 부인의 시신을 교회에서 집으로 옮길 때 공교롭게도 데로슈는 그 행렬과 마주치게 되었습니다.

— 마치 모든 일이 이 불쌍한 악마에 맞서 공모한 듯하군요.

— 그는 다가가서 자기 부인임을 확인했습니다. 그는 비명을 질렀습니다. 그때 경솔한 목소리가 비죽 솟아나왔어요(그건 그 소교구 신부의 목소리였죠). "저 여자를 죽인 살인자." 데로슈는 자기 팔을 비틀고 머리를 쥐어뜯으면서 덧붙였습니다. "네, 네, 그래요." 그 순간 사람들이 그 주위를 둘러싸면서 그에게 저주를 퍼붓고 돌을 주워 모았습니다. 만약 몇몇 신사들이 성난 군중들의 폭력으로부터 그를 구해주지 않았더라면 그는 아마 그 자리에서 즉사했을 겁니다.

— 그런데 자기 부인이 아플 동안 그의 행실은 어떠했나요?

— 더할 나위 없이 훌륭했죠. 우리 모두처럼 그도 드라

카를리에르 부인한테 속은 거죠. 그녀는 자신의 죽음이 가까이 오고 있다는 사실을 다른 사람들에게, 아니 그 자신에게도 감췄어요.

— 그럴 줄 알았어요. 그렇다고 해서 그가 야만적이고 비인간적인 사람이란 평가를 면한 건 아니겠죠.

— 성녀이자 부인이자 은인이었던 그 여자의 가슴을 조금씩 조금씩 칼로 찔렀고, 일말의 관심과 감정을 보이지도 주지도 않아서 그냥 파멸해가도록 내버려 둔 야수라는 거죠.

— 그녀가 속이고 있는 걸 몰랐기 때문인데.

— 게다가 그녀 주변 사람들조차도 몰랐던 일인데.

— 사실 누가 매일 그녀를 볼 수 있었겠어요.

— 바로 그겁니다. 우리의 사적인 행동에 대한 대중의 판단이란 이런 겁니다. 보시다시피 가벼운 잘못이……

— 아, 너무도 가볍지요.

— 예측할 수 없고, 피치 못할 몇 가지 사건들을 거치다 보면 대중의 눈을 통해 부풀려집니다.

— 원래는 전혀 상관없던 상황들을 거치면서 그렇게 되었죠. 예를 들면 드라카를리에르 부인 남동생이 데로슈의 연대를 물려받았다가 곧 죽었던 것이랄지.

— 사실 사람들은 좋은 일이든 나쁜 일이든 번갈아가며 우스꽝스러운 아첨꾼이 되었다가 부조리한 비판자가 되

었다가 하지요. 그들의 찬사와 비난의 척도는 언제나 달랑 하나의 사건뿐입니다. 친구여, 별로 어려울 게 없다면 그냥 사람들의 말을 들으세요. 하지만 믿지는 말고, 들은 말을 절대로 옮기지는 마세요. 당신의 말이 어떤 부조리한 일을 지지하게 될 염려가 있습니다. 그런데 지금 무슨 생각하시죠? 꿈꾸고 있는 것 같군요.

— 주제를 바꿔서, 드라카를리에르 부인이 좀더 평범하게 행동했더라면 어땠을까 생각해보고 있어요. 편지를 발견하고 토라질 수 있죠. 며칠이 지나면 화를 내며 이야길 할 거고요. 보통은 베갯머리에서 화해가 이뤄지겠죠. 변명, 항의, 새롭게 하는 맹세…… 이런 것에도 불구하고 데로슈의 가벼운 성격은 또다시 잘못을 저지르겠죠. 또 퉁퉁 붓고 또 설명하고 또 화해하고 또 맹세하고 또 배반하고, 이렇게 30년 가는 게 보통입니다. 하지만 데로슈는 워낙 신사였기 때문에 수많은 배려와 한없는 호의로 아주 작은 잘못도 고치려고 애썼습니다.

— 별로 흔하지 않은 일이죠.

— 헤어지지 않고 그 소동을 부리지 않았더라면 우리 모두가 살듯 그렇게 함께 계속 살았을 거고, 또 장모와 어머니, 남동생, 아이가 죽는다 한들 아무도 뭐라 하지 않았겠지요.

— 아니면 그 남자가 운명의 저주를 받았거나 불행으

로 시달린다고 감싸는 말만 했겠지요.

— 맞아요.

— 이로써 당신이 머리 백 개 달리고 혀 백 개 달린 이 고약한 짐승에 결코 동의하진 않고, 경멸을 퍼붓는다고 결론지을 수 있겠군요. 조만간 상식이 되돌아오고, 지금 헛된 수다를 떨어도 미래엔 제대로 고쳐지겠지요.

— 그러니까 당신은 사실이 밝혀지는 순간이 있으리라 믿는군요. 드라카플리에르 부인이 비난받고 데로슈가 무죄 방면되는 순간이.

— 나는 그게 그다지 멀었다고 생각하지 않아요. 왜냐하면 언제나 자리에 없는 사람이 틀린 거거든요. 죽은 사람만큼 그 자리에 없는 사람은 없기 때문이죠. 둘째, 사람들이 말하다 보면 말싸움이 나게 되어 있기 때문이고요. 흔해빠진 연애담이 자꾸 인구에 회자되다 보면 특별한 게 없어지지요. 사람들은 아마 앞으로 10년간은 이 불쌍한 데로슈가 이 집 저 집 그 불행한 몸을 끌고 다니는 걸 보게 될 겁니다. 사람들은 그에게 다가가 물어볼 거고, 그의 말을 듣게 되겠죠. 그가 입을 다물고 있을 이유가 없지요. 사람들은 이야기의 내막을 알게 될 거고, 그가 처음 저지른 실수가 아무것도 아니라고 생각하겠지요.

— 사실이 그렇고.

— 하지만 우린 매우 젊기 때문에 시간이 한참 지나면

그렇게나 아름답고 크고 덕성스럽고 위엄 있던 드라카틀리
에르 부인이 일개 유연하지 못하고 거만한 내숭 떠는 여자
로 취급당하는 소리도 듣게 될 거예요. 왜냐하면 이야기란
자꾸 서로 영향을 받으며 굴러나가기 때문이죠. 판단 기준
도 없고, 표현의 척도조차 갖고 있지 못한 채.

　　── 하지만 당신한테 혼기가 찬 딸이 있다면 데로슈 같
은 남자한테 시집보내겠어요?

　　── 주저 없이. 왜냐하면 그는 당신이나 나나 그 누구
도 빠져나올 수 없을 빠른 소용돌이 속으로 빠졌을 뿐이니
까요. 우정, 정직, 선행, 그 모든 것들에는 다 오류가 있고 또
변명거리도 있기 마련이니까요. 그가 자기 부인과 자기 탓
에 헤어진 이후 그의 행실은 나무랄 데 없었으니까요. 정절
의 의무를 다하지 못한 남편들을 잘했다고 하진 않지만 그
렇다고 해서 그런 지키기 어려운 자질을 중요시하는 여자들
도 좋게 보진 않습니다. 나는 어떤 행동들에 대해 매우 이상
할지 모르지만 아마도 옳은 생각을 갖고 있어요. 나는 그 행
동들을 남자들의 악덕이라기보다는 부조리한 규범들의 결
과로 봅니다. 그것이 그보다 더 부조리한 풍속의 원인이며
내가 기꺼이 '인공적'이라 부르고 싶은 타락의 원인이라 생
각해요. 이건 나로서도 아주 명백한 건 아닌데 다음 기회에
다시 밝혀보기로 하죠. 이제 돌아가요. 당신을 부르는 늙은
여자 노름꾼 두세 명의 갈라진 비명 소리가 들리는군요. 날

이 저물어가고 밤이 오고 있네요. 내가 당신한테 장담한 것
처럼 별이 많이 보이는군요.

　　— 그렇네요.

부갱빌 여행기 부록 혹은 A와 B의 대화

— 도덕관념을 포함하지 않는 육체 행위들에 도덕관념을
적용하는 일의 부적절함에 대하여

그 자체 풍요로운 원천을 지닌 자연의 섭리는

그런 행동들에 얼마나 반하며 얼마나 훌륭한가.

만약 네가 그 섭리를 제대로 이용하고,

피할 것과 따를 것을 혼동하지 않는다면.

너는 네 잘못으로 인해 고통받든 다른 사물들의

잘못으로 인해 고통받든 상관없다고 생각하는가.

— 호라티우스, 『풍자』, 제1권 2장, 73~77행.

1
부갱빌의 여행에 대한 평가

A : 어제 돌아오면서 볼 때는 하늘에 별들이 예쁘게 반짝이기에 오늘 날씨가 좋을 줄 알았는데, 그 약속이 어긋났네요.

B : 그걸 어떻게 알죠?

A : 안개가 너무 짙어서 바로 옆에 있는 나무들도 안 보이잖아요.

B : 그래요. 하지만 습기를 많이 품고 있기 때문에 대기의 하층부에 있는 안개가 땅으로 더 내려온다면?

A : 반대로 안개가 스펀지 같은 상태를 뚫고 올라가 공기가 희박한 상층부를 차지하게 되면, 화학 용어로 말해, 포화 상태에 이르지 않겠어요?

B : 기다려봐야겠군요.

A : 기다리면서 뭘 할 건가요?

B : 책을 읽을 겁니다.

A : 여전히 그 부갱빌의 여행기[1]를?

B : 네, 계속 읽고 있어요.

A : 전 그 사람을 정말 이해할 수 없어요. 그는 젊은 날을 수학 연구로 보냈지요. 이런 수학 연구란 게 은둔을 전제로 하는 거 아니겠어요. 그런데 그렇게 홀로 틀어박혀 사색하며 살던 환경에서 벗어나 갑자기 움직임이 많고 고통스럽게 떠돌아다니는 그 불안정한 여행가로 직업을 바꾸다니.

B : 전혀 그렇게 생각할 게 아니죠. 배는 물 위를 떠다니는 집이고, 항해자는 광활한 공간을 일주하면서도 비좁은 실내에 갇혀 있는 사람이라고 생각해보세요. 우리가 마루 위에서 크게 도는 거나, 그가 갑판 위에서 세계를 도는 거나 매한가지죠.

A : 또 하나 이상한 건 그 사람의 성격과 그 사람이 감행한 시도가 모순된다는 거죠. 부갱빌은 사교 생활의 즐거움에 끌리는 사람입니다. 여자를 좋아하고 각종 공연과 맛있는 음식들을 좋아하는 사람이죠. 배 위의 불확실한 요소들만이 아니라 기꺼이 사교계의 소용돌이에도 휘말릴 사람이란 말입니다. 또 상냥하고 명랑하기도 하죠. 한편에선 미적분을 논하고 다른 편에선 세계 일주를 하는 그는 어쩌면 진정 꽉 찬 프랑스인이라 할 수 있겠군요.

B : 다른 사람과 다를 바가 없습니다. 무엇에 빠졌다가

1 루이-앙투안 드 부갱빌(1729~1811)이 쓴 『세계 일주 *Voyage autour du monde*』를 가리킨다.

시들해지고, 또다시 뭔가에 빠지는 건 모든 사람들이 다 하는 일이지요.

A : 그의 여행기에 대해선 어떻게 생각하세요?

B : 매우 피상적인 독서에 근거해서 판단해보건대, 이 책은 주로 세 가지 미덕을 갖고 있는 듯해요. 그는 우리가 오래도록 살아온 지구와, 지구에 사는 사람들에 대한 더 나은 지식을 갖고 있지요. 수심 측정기를 갖고 하는 항해는 더욱 확실성이 보장되었고 지도도 더욱 정확해졌어요. 부갱빌은 관찰에 필요한 지식과 적절한 여러 자질들을 갖추고 떠났습니다. 철학, 용기, 정직함, 사물을 단번에 포착하게 하고 관찰 시간을 줄여주는 눈썰미, 신중함과 인내심, 보이는 그대로 보려는 욕구, 자신을 계몽하고 배우고자 하는 의욕, 대수나 기계학, 기하학, 천문학, 자연사에 대한 지식을 갖고 있었죠.

A : 그럼 그 사람 문체는요?

B : 꾸밈없는 문체죠. 사실과 단순성과 명료함으로 차 있는 어투고요. 특히 당신이 선원의 언어를 알고 있다면 그렇게 보일 어투.

A : 항해는 오래 했나요?

B : 이 지구의에 표시해두었는데, 이 빨간 점들 보이시죠?

A : 낭트에서 떠났군요?

B : 그러고는 곧바로 마젤란해협을 거쳐 태평양으로 들어갔고, 필리핀에서 뉴홀랜드[2]를 거쳐 거대한 군도를 형성하고 있는 섬들 사이로 굽이굽이 흘러 다니다가 마다가스카르, 희망봉을 스쳐서 대서양으로 나아갔고, 아프리카의 곶들을 따라 올라간 뒤 처음 닻을 올렸던 곳 부근에 이르렀죠.

A : 많이 고생했겠네요?

B : 모든 항해자는 공기, 불, 땅, 물의 위험들에 노출되어 있고 또 그걸 즐깁니다. 하지만 바다와 하늘, 삶과 죽음 사이를 몇 달 동안 헤매고 다니며 폭풍우에 얻어맞고 난파와 병마, 물과 빵 부족으로 위협받은 다음, 부서진 배에 의지했던 이 불행한 사람이 피로와 고난으로 숨이 넘어가는 가장 위급한 상황에서 어떤 냉혹한 사람의 발아래 쓰러지면서 구조를 요청했는데, 그 괴물 같은 인간은 매몰차게 거절하면서 계속 기다리게 했다네요. 가혹한 일이죠.[3]

A : 벌받아 마땅한 범죄군요.

B : 그 여행가가 미처 예상치 못했던 불운 중의 하나죠.

A : 예상했을 리가 없죠. 저도 유럽의 권력자들이 정직한 영혼과 자애로운 성격에다 인간애로 가득 차 있고 공감

---

2 오스트레일리아.
3 부갱빌이 리우데자네이루 부근에 닿았을 때 그곳 총독부가 보였던 박대를 암시한다.

능력이 있는 사람들만을 해외 식민지 지휘관으로 내보낸다고 생각했는걸요.

B : 그들이 기대했던 게 바로 그거였죠!

A : 부갱빌의 여행기 속에는 기이한 이야기들이 많겠죠.

B : 많아요.

A : 사람과 친해지는 것이 위험한 줄 몰랐던 야생동물들이 사람한테 다가오고, 새들도 사람 어깨 위에 곧잘 앉는다고 하지 않던가요?

B : 다른 사람들도 이미 그보다 먼저 그렇게 말한 적 있지요.

A : 드넓은 바다라는 장벽을 사이에 두고 모든 대륙으로부터 떨어져 있는 섬들 속에 동물들이 살고 있는 걸 어떻게 설명하나요? 누가 늑대며 여우, 개, 양, 뱀을 거기 갖다 놓았을까요?

B : 그는 아무것도 설명하지 않고 사실을 증언할 뿐이에요.

A : 당신이라면 그걸 어떻게 설명하시겠어요?

B : 누가 우리 지구의 태곳적 역사를 알겠어요? 지금은 분리되어 있는 공간들이라 해도 옛날에 얼마나 많은 곳이 이어져 있었겠어요? 우리가 추정할 수 있는 건 오로지 해류의 방향이 많은 곳들을 분리하고 있다는 점입니다.

A : 어떻게요?

B : 떨어져 나온 거죠. 언젠가 우리는 그에 대한 연구를 해볼 수 있을 겁니다. 하고 싶은 맘이 생긴다면. 여기 랑시에르[4]라는 섬이 보이죠? 그 섬이 지구 위에 차지하고 있는 위치를 검토해보면 누가 그런 곳에 사람들을 데려다 놓았을까 의문이 들지 않을 수가 없을 겁니다. 옛날 섬 밖의 다른 사람들과 그들은 어떻게 교류했을까요? 사방 4킬로미터도 안 되는 공간 속에서 계속 인구가 늘어났다면 그들은 어떻게 되었을까요?

A : 서로 죽이고 잡아먹었겠죠. 식인 풍습은 이렇듯 매우 오래된 자연 현상으로 그 기원은 섬에 있다 할 수 있어요.

B : 혹은 어느 곳에서는 어떤 미신적 규율들로 인해 인구 증가가 제한되었겠죠. 무당이 임신한 여성을 밟아 배 속의 아이를 짓뭉개든지.

A : 아니면 남자를 참살해 무당의 칼 아래서 숨을 거두게 하든가, 거세하든가……

B : 또는 여성들의 음부를 막아버리든가. 바로 거기서부터 처음엔 어떤 필요에 기인한 잔인한 관습이 비롯되는데, 시간의 어둠 속에서 원인은 잊혀가고 철학자들을 괴롭히지요. 하여간 지속적으로 관찰되는 것은, 초자연적이고 종교적인 제도들이 오랜 시간을 두고 시민법과 국법으로 되면서

4 폴리네시아 제도의 아키아키 섬.

보강되고 영속화되며, 그러다 또다시 초자연적이고 신성한 계율로 변질되어간다는 점입니다.

A : 가장 불길한 윤회 중 하나네요.

B : 우리를 잡아매는 오랏줄에 또 하나의 실오라기가 더해지는 셈이죠.

A : 그 사람, 예수회 교도들이 추방당할 때 파라과이에 있었다지요?

B : 네.

A : 그곳에 대해서는 무슨 말을 했나요?

B : 극도로 조금. 하지만 검은 옷을 입은 그 잔인한 스파르타주의자들이 노예 다루듯 인디언들을 착취했다는 사실을 알려주기엔 그 몇 마디 말로도 충분합니다. 그들을 혹독하게 일하도록 몰아붙이고 피땀을 짜내면서도 소유권은 하나도 주지 않은 데다가, 몽매함 속에 잡아두고서 미신 숭배를 강요했죠. 채찍을 쥐고 그들 사이를 걸어 다니면서 남녀노소 불문 가차 없이 때리고요. 한 세기가 지나자 그들을 추방하는 건 불가능해졌어요. 그들은 왕권을 점차 위협했고 결국 수도사들과 왕 사이에 기나긴 전쟁이 일어났죠.

A : 그러면 마티 박사[5]나 아카데미 회원인 라콩다민[6]이

---

5 매튜 마티(1718~1776). 네덜란드의 의사이자 철학자. 『영국신문*Journal Britannique*』을 창간했다.

그토록 떠들썩하게 이야기하곤 하던 파타고니아 사람들은 요?

B : 사람 좋게 다가와 껴안으면서 "차우아"라고 외치며 인사한 그들 말이죠? 그들은 건강하고 정력적이지만 키가 5피트 5~6인치를 넘지 않았고, 비만에 머리가 크고 사지가 굵은 사람들이었어요.

인간은 신기한 것에 대한 취향을 갖고 태어나 주변에 있는 모든 것을 과장합니다. 자신의 여행을, 그리고 여러 가지 것들을 보러 먼 곳에 가면서 겪었던 고통을 스스로에게 정당화해야 할 때, 사람들이 어떻게 그 정확한 크기를 가늠할 수 있겠습니까?

A : 그가 원시인들에 대해서는 어떻게 생각했지요?

B : 원시인에게서 가끔씩 발견되는 잔인한 성격들은, 그들이 늘 야수들을 방어해야 했기 때문에 비롯된다고 여겼어요. 휴식과 안전을 방해하는 것이 없으면 원시인은 어디서고 천진하고 유순하다는 거죠. 모든 전쟁은 똑같은 재화를 똑같이 자기 것이라고 주장함으로써 생깁니다. 문명인은 다른 문명인과 같은 땅의 양 끝을 점유하고서 똑같이 소유권을 주장합니다. 그러면 그 땅은 그들 사이에서 분쟁의 대상

6 샤를-마리 드 라콩다민(1701~1774). 프랑스의 박물학자. 페루 탐험 보고서로 유명했다.

이 되지요.

　　A : 마찬가지로 숲에 대해서 호랑이도 원시인과 똑같이 소유권을 주장하겠죠. 그게 권리 주장의 최초 원인이고, 전쟁의 가장 오래된 원인일 겁니다. 그나저나 부갱빌이 갑판 위에 태워서 우리 나라까지 데려왔던 타히티 사람을 본 적이 있나요?

　　B : 봤지요. 그의 이름은 아오투루였어요. 그는 항해 중 처음으로 육지를 보자마자, 그곳을 부갱빌의 고향으로 생각했습니다. 사람들이 여행을 하는 동안 그에게 여행 기간을 속였든지 아니면 그가 지구의 크기를 제대로 알지 못했기 때문이겠죠. 그가 살았던, 하늘이 수평선에 맞닿아 있는 바닷가에서 보면 거리가 짧아 보이니까요. 그의 머릿속에는 아내를 공유하는 관습이 뿌리 깊게 남아 있어서, 처음으로 만나게 된 유럽 여성에게 즉각 달려들었습니다. 그녀를 타히티 예절에 따라 아주 정중히 대한 것이지요. 그는 우리들 사이에서 지루해했습니다. 타히티에는 b, c, d, f, g, q, x, y, z 발음이 없기 때문에 결코 우리의 말을 배울 수 없었습니다. 우리 말은 그의 잘 구부러지지 않는 혀에 너무 이상한 분절음들과 새로운 소리들을 요구했으니까요. 그는 고향을 그리워하며 끊임없이 한숨지었고, 그건 놀랄 일이 아니었어요.

　　부갱빌의 여행기는 제게 우리 나라 아닌 다른 나라에 대한 취미를 갖게 한 유일한 책입니다. 저는 이 책을 읽기 전까지 사람이란 자기 나라 말고는 어디서도 편치 않다고 생각했고, 지구상의 모든 다른 이들도 마찬가지일 거라고 여겼지요. 그건 중력의 자연적 작용과도 같고, 이 중력 같은 끌림은 삶의 편리함과 관련된다고 보았어요. 사람들이 다른 곳에서도 편하게 살 수 있다고 확신하지 못했던 겁니다.

A : 뭐라고요! 당신은 파리 사람들이, 보스 들판[7]에서 자라는 이삭들이 로마의 들녘에서도 자란다고 생각하지 않으리란 겁니까?

B : 솔직히 말해서 그래요. 부갱빌은 아오투루의 귀향에 필요한 돈과 안전을 확보해준 뒤 그를 돌려보냈습니다.

A : 오 아오투루! 그대가 아버지, 어머니, 형제, 자매, 동포들을 다시 만나 행복하게 되길. 우리에 대해 자넨 뭐라고 할까?

B : 거의 별 얘기 못 할 거고, 하더라도 그들이 믿지 않겠지요.

A : 왜 별 얘기 못 할 것 같나요?

B : 왜냐하면 그는 이 사회에 대해 인식한 바가 거의 없고, 설령 어떤 관념을 품게 되었다 하더라도 그에 해당하는 어떤 단어도 자신의 언어 속에서 찾아내지 못할 것이기 때문이죠.

7 프랑스 파리 남서부의 비옥한 곡창 지대.

A : 그럼 그들은 왜 그의 말을 믿으려 하지 않을까요?

B : 자신들의 풍속을 우리의 풍속에 비교하면서 우리가 이상하다 생각하기보다는, 아오투루를 거짓말쟁이로 취급하고 싶어 할 것이기 때문입니다.

A : 정말요?

B : 전 그 점에 대해서 의심하지 않아요. 원시생활은 아주 단순하지만 우리의 사회는 매우 복잡한 기계와도 같지요. 타히티 사람은 세상의 기원에 닿아 있고 유럽인은 노쇠에 닿아 있어요. 그를 우리로부터 구별 짓는 차이는 태어나는 아기와 죽어가는 성인의 거리만큼이나 크지요. 그는 우리의 관습과 법칙 들을 아무것도 이해하지 못하거나, 수백가지 다양한 형식 아래 나타나고 있는 덫을 볼 뿐입니다. 무엇보다 자유의 감정을 가장 중시하는 사람에게는 혐오감과 경멸감만 일으킬 뿐인 덫 말이지요.

A : 당신, 타히티의 우화에 빠졌군요?

B : 이건 일개 우화가 아닙니다. 당신이 그의 여행기에 덧붙여진 부록을 아신다면 부갱빌의 진실성을 의심하지 않으실 텐데요.

A : 근데 그 부록이 어디 있죠?

B : 저기, 탁자 위에.

A : 저한테 빌려주시겠어요?

B : 안 돼요. 원하신다면 함께 읽도록 하죠.

A : 좋고말고요. 자, 저기 안개가 밑으로 깔리고 하늘이 다시 나타나는군요. 제가 당신과 내기하면 아주 사소한 것에서조차 늘 지는군요. 이토록 당신이 계속 이기는 걸 받아들여야 한다니!

B : 자, 자 읽읍시다. 아무 의미도 없는 서문은 건너뛰고 곧바로 섬의 노인 한 사람이 우리의 여행자들에게 했던 이별사로 넘어가죠. 이것은 당신에게 이 사람들의 웅변이 어떠했는지 어느 정도는 파악하게 해줄 것입니다.

A : 어떻게 부갱빌은 모르는 언어로 된 이별사를 이해할 수 있었지요?

B : 보면 알아요.

2
노인의 이별사

　말하는 사람은 노인이다. 그는 한 대가족의 가장이었다. 유럽인들이 도착했을 때 그는 놀라움도 두려움도 호기심도 나타내지 않고 오로지 경멸의 시선을 던질 뿐이었다. 그들이 다가가자 그는 등을 돌려 자신의 천막 안으로 들어가버렸다. 침묵과 근심 어린 표정이 그의 속내를 너무도 잘 드러내고 있었다. 그는 속으로 이제는 자기 나라의 좋은 시절들이 가버렸다는 사실을 슬퍼하고 있었다. 부갱빌이 떠나는 날 원주민들이 해변으로 몰려나와 그의 검은 옷을 붙잡고, 부갱빌의 동료들 팔을 부여잡으며 눈물을 흘릴 때, 노인이 엄격한 태도로 나서며 말했다.

　"울어라, 불쌍한 타히티 사람들아! 울어라. 하지만 이 야심 가득하고 못된 사람들이 떠난다는 사실 때문이 아니라 그들이 왔단 사실 자체 때문에 울어야 할 거다. 언젠가 너희들은 이 사람들을 더 잘 알게 되겠지. 어느 날 이들은 다시 올 거야. 한 손에는 이 사람의 허리띠에 달린 나무 조각[8]을 들고, 다른 손엔 저 사람의 옆구리에 걸려 있는 무기를 들고 너희들을 묶고 조르러 올 것이다. 너희들을 그들의 만용과 악덕에 복종시키러 올 것이다. 어느 날 너희들은 그들의 노예가 되어, 그들만큼 타락하고 비천해지고 불행하게 되겠지. 하지만 나는 나 자신을 위로하고 있다. 나는 명이 다했으니까. 내가 너희들에게 예고한 불행을 나는 안 봐도 될 테니까. 오 타히티 사람들아! 오 내 친구들아! 너희들은 불행한 미래를 피할 수 있는 수단이 있을 텐데. 하지만 그런 조언을 너희에게 하느니 그냥 죽어버리겠다. 저들이 떠나기를! 생명을 부지하기를!"

그러곤 부갱빌에게 덧붙여 말했다. "그리고 너, 네게 복종하는 강도 무리의 대장인 너는 우리 해안으로부터 즉시 배를 철수시켜라. 우리는 순수하다. 우리는 행복하다. 너는 우리의 행복을 훼손할 뿐이다. 우리는 자연의 순수한 본능을 따라왔다. 그런데 너는 우리의 영혼들로부터 그 특징을 지우려 했어. 여기서 모든 것은 모두에게 속해 있다. 그런데 너는 우리에게 뭔지 모를 내 것 네 것이란 구별을 가르쳤다. 우리의 딸들과 아내들은 우리 모두에게 속해 있었다. 너는 우리와 이 특권을 나누었다. 하지만 네가 와서 그네들한테 알 수 없는 격정의 불을 질렀다. 그네들은 너희들 품 안에서 미쳐버렸어. 서로 미워하기 시작했고 너희들은 너희들

8 십자가.

대로 그녀들 때문에 서로를 죽였다. 게다가 그녀들은 너희들의 피에 감염되어 우리에게 돌아왔다. 우리는 자유롭다. 그런데 너는 우리의 땅속에 앞으로 우리를 노예로 삼는다는 푯말을 박아놓았다. 너는 신도 사탄도 아니다. 그런데 노예를 만들어내다니 그럼 뭐란 말이냐? 오루! 너는 이 사람들의 말을 알아듣지. 네가 나한테 말해주었듯, 그들이 이 쇳조각에 써놓은 걸 우리 모두에게 말해다오. '이 나라는 우리 것이다.' 이 나라가 너희 것이라고! 왜? 네가 여기 발을 들여놓았기 때문에? 어느 날, 타히티 사람 하나가 너희 해안에 상륙해서는 너희들의 돌이나 나무껍질에 '이 나라는 타히티 사람들의 것'이라고 새겼다면 너는 어떻게 생각하겠나? 네가 가장 강하다고! 그게 분명 사실이냐? 너는 너의 배에 가득한 시시한 물건 하나를 누군가 훔쳐갔다고 항의하면서 복수했지. 그러면서 동시에 너는 마음 깊숙한 곳에서 이 나라 전체를 훔치려는 계획을 세웠다. 너는 노예가 아니야. 그렇게 되느니 죽음의 고통도 감내하려 하겠지. 그런데 우리를 노예로 만들려 들다니! 너는 타히티 사람이 자유를 지킬 줄도, 죽을 줄도 모를 거라 생각하느냐? 네가 짐승처럼 잡으려 했던 타히티 사람은 네 형제다. 너희는 둘 다 자연의 자식들이다. 그는 너에 대한 어떤 소유권도 없는데 너는 그한테 왜 그걸 갖는다는 거냐? 네가 왔지, 우리가 네게 달려들었는가? 우리가 너의 배를 약탈했는가? 우리가 너를 붙잡아

적들의 '화살받이'로 썼는가? 우리가 너를 들판으로 데려가 우리 가축들이나 하는 일을 시켰는가? 우리는 우리에 대해 너희들이 품은 이미지를 존중했다. 우리에게 우리의 풍속을 그대로 놓아두라. 그것들은 너의 풍속들보다 더 현명하고 정직하다. 우린 네가 우리한테 무식하다 부르는 그것과 너의 쓸데없는 지식들을 맞바꿀 의사가 전혀 없다. 우리는 우리한테 필요하고 좋은 모든 것을 갖고 있다. 우리에게 쓸데없는 물건들을 만들어 쓸 줄 모른다 해서 그게 경멸받을 만한 일인가? 우리는 배고플 때 먹을 게 있고, 추울 때 입을 게 있다. 너는 우리의 천막들 속으로 들어왔지. 네 생각에 뭐가 부족하던가? 너는 생활의 편의라고 부르는 것들을 맘껏 추구하라. 하지만 계속 힘겹게 일해서 헛된 재물만 얻게 될 때, 분별 있게 스스로 멈출 수 있어야 해. 너는 우리에게 좁은 필요의 한계를 넘어서라고 우리를 설득하는데 그럼 우린 언제 일을 끝내겠나? 언제 즐기나? 우리는 휴식보다 더 좋은 게 없기 때문에 가능한 한 연간, 일간 노동량을 최소한으로 만들어왔다. 너희 나라에나 가서 맘껏 날뛰고 스스로를 괴롭히며 살아라. 하지만 우리는 쉬도록 내버려 둬. 너의 거짓된 필요와 공상적인 덕들로 우리 머리를 어지럽히지 말라. 이 사내들을 보아라. 얼마나 반듯하고 튼튼하고 건강한지 보이지. 이 여자들을 보아라. 얼마나 반듯하고 튼튼하고 싱싱하고 아름다운지 보이지. 이 활을 잡아라. 이것은 내 것이다. 네 동료 하나, 둘, 셋, 네 명한테 도움을 구해야 겨우 당겨볼 수라도 있을걸. 나는 이것을 나 혼자 쏠 수 있다. 나는 한 시간도 안 걸려 10리를 달릴 수 있다. 네 젊은 동료들도 나를 따라오기는 어려울 거야. 그런데 나는 아흔 살이 넘었다. 네가 우리에게 온 날부터 이 섬에, 타히티 사람에게, 미래의 타히티 사람들에게 불행이 닥쳤다! 우리는 한 가지 병밖엔 몰랐어. 인간과 동물과 식물 모두가 피할 수 없는 노화라는 병. 그런데 너는 우리한테 다른 병을 가져왔다.[9] 너는 우리의 피를 더럽혔다. 이제 우리는 우리 자신의 손으로 우리의 딸들과 우리의 아내들과 우리의 아이들을 죽여야 할 것 같다. 이 여자들을 가까이한 남자들과 너희 남자들을 가까이한 여자들 말이다. 우리의 대지는 너희들의 혈관으로부터 우리에게 흘러들어온 불순한 피로 적셔질 것이다. 그리고 우리의 아이들은 너희가 그 아비와 어미들에게 주었고 그 후손들에게 영원히 물려줄 병을 키우고 영속화시키도록 선고받았다. 불행한 사람들아! 너는 너의 불길한 애무를 받고 나타난 욕정과, 그 독을 멈추기 위해 우리가 저질러야 할 학살들에 책임이 있다. 너는 죄에 대해 말하지! 그런데 너희 죄보다 더 큰 죄를 알고 있는가? 너희 나라에서 자기 이

9 매독은 이미 16세기에 타히티에 들어왔던 스페인 사람들에 의해 그곳에 퍼져 있었다.

웃을 죽인 사람에게 내리는 벌이 무엇인가? 참수겠지. 또 너희 나라에서 이웃을 독살한 비열한 자에게 내리는 벌은 무엇인가? 화형이지. 네 가증스러운 죄악을 이것에 비교해봐라. 여러 부족의 독살자인 네가 받아 마땅한 형벌을 우리한테 말해주겠나. 타히티 처녀가 동포 청년의 애무에 열정적으로 몸을 맡기는 데엔 단 한순간밖에 필요 없다. 그녀는 딸을 아직 어리다고 여겨 통제하던 어머니가 마침내 자기 베일을 벗기고 가슴을 드러내주기를 애타게 기다렸다. 그녀는 욕망을 불러일으키고, 잘 모르는 사람이든 부모든 형제든, 다른 사람의 사랑에 찬 시선을 도발하는 데서 자부심을 느끼곤 했다. 그녀는 하나도 부끄러워하지 않고 두려워하지도 않으면서 우리가 있는 데서, 순진한 타히티 사람들의 무리 가운데서, 피리 소리에 맞춰 춤을 추면서 자신의 젊은 심장과 감각의 내밀한 목소리가 가리키는 사람의 애무를 받아들였지. 그런데 죄의식과 병의 위험이 너와 함께 우리들 사이로 들어왔다. 옛날엔 그토록 달콤했던 우리의 향락들에 죄의식과 공포심이 함께하게 되었다. 네 옆에서 내 말을 듣고 있는 이 검은 옷 입은 남자는 우리 소년들에게 무슨 말을 했다. 그가 우리의 소녀들에게는 또 뭐라고 말했는지 나는 모른다. 하지만 이제 우리 소년들은 머뭇거리게 되고 우리의 딸들은 얼굴을 붉히게 되었다. 원한다면 네 쾌락의 타락한 동반자와 함께 어두운 숲에 파묻혀라. 하지만 선하고 단순한 타히티 사람들은 그냥 대낮의 하늘 아래서 아무런 부끄러움 없이 번성하게 하라. 우리가 그들에게 준 영감과 생기보다 더 고상하고 위대한 감정을 너희들이 대신 가져다줄 수 있을 것 같은가? 그들은 나라와 가정을 새로운 구성원들로 채울 순간이 온 것을 영광스럽게 생각한다. 그들은 살고 번성하기 위해 먹는다. 그들은 자라서 번성한다. 그들은 거기서 어떤 죄악도 수치심도 발견하지 않는다. 너의 연이은 가공할 죄를 들어보아라. 네가 그들 사이에 나타나자마자 그들은 도둑이 되었다. 네가 우리 땅에 내려오자마자 우리 땅은 피 안개로 자욱해졌다. 너를 맞이하러 달려와 환대한 그 타히티 사람은 너를 받아들이며 이렇게 외쳤지. '친구, 친구.' 그런데 왜 너희들은 그를 죽였지? 네가 가지고 있는 작은 뱀 알[10]들의 빛에 그가 매혹되었기 때문이었다. 그는 네게 자신의 과일들을 주었다. 그는 네게 자기 아내와 딸을 내주었다. 그는 네게 자기 천막을 양보했다. 그런데 너는 한 줌의 구슬들 때문에 그를 죽였다. 묻지 않고 그것들을 가져갔다고. 그리고 사람들은? 너의 살인 무기 소리를 듣고 공포가 그들을 엄습했다. 그들은 산으로 피신했다.[11] 하지만 곧 내려와 너

10 납으로 만든 총알.

11 부갱빌의 『세계 일주』에는 사소한 일로 인해 몇 번 다툼이 일어나 부갱빌의 부하들이 원주민을 각각 한 명, 연이어 세 명 죽였던 사건들이 보고되어 있다.

희들을 죽였을 것이다. 내가 없었다면 순식간에 너희들 모두는 죽었을 거야. 아! 왜 내가 그들을 진정시켰을까? 왜 나는 그들을 붙잡았을까? 왜 나는 지금도 여전히 그들을 막고 있을까? 나도 그 이유를 모르겠다. 너는 어떤 동정도 받을 자격이 없는데. 또 너는 그런 동정심 같은 것을 결코 느껴보지 못한 잔혹한 영혼을 갖고 있는데. 너와 네 동료들은 우리의 섬을 산책했지. 너는 존경도 받았어. 너는 모든 것을 즐겼다. 너는 산책 도중에 어떤 금지도 어떤 제한도 당하지 않았다. 사람들은 너를 초대했고 너는 자리에 가서 앉곤 했다. 사람들은 네 앞에 이 나라의 풍요로움을 펼쳐 보였다. 네가 젊은 처녀들을 원했는가? 그들의 어머니들은 얼굴과 가슴을 드러낼 권리가 아직 없는 어린아이들을 제외한 처녀들 모두를 알몸으로 데려와 네게 바쳤다. 환대의 의무를 다하는 부드러운 제물의 주인은 바로 너였다. 사람들은 그녀와 너를 위해 나뭇잎과 꽃들을 바닥에 깔았다. 악사들은 악기로 음조를 맞추었지. 아무것도 그 온화함을 방해하지 않았고 너와 그녀 사이의 자유로운 애무를 훼방 놓지 않았다. 사람들은 송가를 불렀다. 네가 한 남자가 되고 우리의 아이가 한 여자, 즉 교태 부리고 관능적인 여자가 되게 격려하는 송가를. 사람들은 네 잠자리 주위에서 춤을 추었다. 그런데 네가 그녀의 형제, 그녀의 친구, 혹은 아마도 그녀의 아버지를 죽인 것은 바로 그녀의 가슴 위에서 그렇게 부드러운 도취를 경험한 다음, 그 여자의 팔에서 빠져나온 직후였던 거다. 어쩌면 너는 더 나쁜 짓도 했다. 이쪽을 보아라. 화살이 수없이 박힌 이 임신부를 봐. 우리의 적들만을 위협했던 이 무기들이 바로 우리의 아이들을 겨누고 있는 꼴을 보아라. 네 쾌락의 불행한 동반자들을 보아라. 불행해하는 그들의 어머니들을 보아라. 그녀들은 바로 여기서 우리의 손으로든, 네가 그들에게 옮긴 병에 의해서든 죽음을 선고받은 것이다. 네 잔인한 눈들이 죽음의 광경을 보고 즐길 생각이 없다면 물러가라. 네가 여행하는 중에 너를 살려준 죄 많은 바다들이 너희의 귀환 전에 밀려와 너를 수장시킴으로써 우리의 원한을 갚아주기를. 그리고 너희 타히티 사람들은 너희들 천막으로 돌아가라. 모두 돌아가. 이 배은망덕한 이방인들이 떠날 때 철썩이는 파도 소리만이 들리게 하라. 성난 파도가 이 황량한 해변을 하얗게 뒤덮는 것만을 보면서 떠나게 하라."

그가 말을 마치자마자, 원주민들 무리는 사라졌다. 거대한 침묵이 그 섬 전체를 지배했다. 바람의 날카로운 휘파람 소리와 곶의 해안가를 따라 걸쳐 있는 적막한 물소리만이 들릴 뿐이었다. 대기와 바다가 노인의 말을 듣고 그에게 복종하기로 했다고 할 법했다.

B : 자! 어떻습니까?

A : 이 연설은 매우 격하게 들리네요. 하지만 뭔지 모를

거칠고 원시적인 것 사이로 유럽적 사고와 표현들이 눈에 띄는군요.

B : 타히티어로부터 스페인어로 번역된 다음 다시 프랑스어로 중역된 사정을 생각해보세요. 그날 밤 노인은 연설에서도 언급되고 있는 오루네 집에 갔습니다. 그 오두막집에서는 아주 오래전부터 스페인어를 사용했지요. 오루는 노인의 이 긴 연설을 스페인어로 옮겨 썼어요. 노인이 연설할 때 부갱빌은 그 사본을 손에 쥐고 있었고요.

A : 부갱빌이 이 부분을 왜 삭제했는지 이젠 너무도 잘 알겠군요. 하지만 이게 다는 아니겠지요. 나머지 부분에 대해서도 강한 호기심이 발동하는데요.

B : 이어지는 내용은 아마도 당신한테 별 관심거리가 못 될 겁니다.

A : 괜찮아요.

B : 그것은 군속 사제와 섬의 원주민 사이에 있었던 대화예요.

A : 오루?

B : 바로 그 사람이죠. 부갱빌의 배가 타히티에 가까이 갔을 때 수많은 카누들이 물 위로 띄워졌습니다. 한순간에 부갱빌의 배는 그것들로 둘러싸이게 되었지요. 그가 시선을 돌리는 곳마다 놀라움과 환영의 모습들이 보였습니다. 사람들은 그에게 먹을 것을 던졌고 팔을 내밀었어요. 밧줄을 타

고 갑판 위로 기어올라 배를 가득 채웠고요. 해안 쪽을 보고 소리를 지르자 그쪽에서도 응답이 왔습니다. 섬에 사는 사람들이 달려와 결국 모두 땅으로 내리게 됐지요. 사람들은 부갱빌 일행을 사로잡아 한 사람씩 차지했어요. 모두들 자기 몫이 된 사람을 자기네 천막으로 데려갔지요. 남자들은 그들을 포옹했고 여자들은 손으로 그들의 볼을 어루만졌습니다. 생각만으로라도 장관인 그 환대의 증인이 되어주세요. 그리고 그 인종이 어떻게 여겨지는지 말씀해주세요.

A : 아주 멋지군요.

B : 참, 제가 아주 이상한 한 가지 사건에 대해 말하는 걸 잊어버렸던 것 같네요. 이런 호의와 우애의 장면은 어떤 사람이 구해달라고 외치는 바람에 갑작스레 깨졌어요. 그는 부갱빌의 한 부하 장교의 하인이었지요. 상당수 타히티 젊은이들이 그를 덮쳐 땅바닥에 드러눕히고 옷을 벗겨 '경의'를 표하려는 자세를 취하고 있었습니다.

A : 뭐라고요! 그 단순하고 선량하며 진실한 타히티 사람들이?……

B : 오해랍니다. 이 하인은 남장 여자였어요. 긴 항해 기간 내내 일행 중 그 누구도 알아채지 못했는데 타히티 사람들은 한눈에 그가 여자임을 알아보았지요. 그녀는 부르고뉴 출신으로 이름은 바레였어요. 못생기지도 예쁘지도 않은 스물여섯 살 먹은 처녀였지요. 한 번도 자기 고향을 떠나본 적

없던 그녀는 여행을 하려는 생각을 품자마자 세계 일주를 하게 된 겁니다. 그녀는 늘 지혜롭고 용감했어요.

A : 이 허약한 기계들은 때때로 아주 강한 영혼을 담고 있지요.

3
사제와 오루의 대담

B : 타히티 사람들이 부갱빌 일행을 나눌 때 군속 사제는 오루 몫이 되었다. 사제는 오루와 거의 동갑으로 서른대여섯 살이었다. 당시 오루에게는 아내와 아스토, 팔리, 티아라는 딸 셋밖에 없었다. 그 여자들은 사제의 옷을 벗기고 얼굴과 손, 발을 씻겨준 뒤 정갈하고 간소한 식사를 대접했다. 잠자리에 들 때가 되자, 가족과 함께 물러가 있던 오루가 옷을 다 벗은 아내, 세 딸들과 함께 나타나 다시 그녀들을 소개하며 말했다.

"자네, 저녁 먹었지. 자넨 젊고 건강해. 혼자 자면 잘 못잘 거야. 남자란 밤에 옆에 둘 사람이 필요하거든. 여기 내아내와 딸들이 있네. 마음에 드는 대로 골라. 하지만 자네이왕 내게 은혜를 베풀려거든 내 막내딸을 좀더 사랑해줘. 그 애는 아직 아이가 없거든."

그의 아내가 덧붙였다. "저런! 불평하면 안 되지요. 불쌍한 티아! 그건 저 애 잘못이 아닌걸요."

사제는 자신의 종교와 신분과 미풍양속과 예의범절 때

문에 그 제안들을 받아들일 수 없다고 대답했다.

　그러자 오루가 대꾸했다.

　"나는 자네가 종교라고 부르는 그게 당최 뭔지 모르겠네. 하지만 그것에 대해 나쁘게 생각하지 않을 수 없군. 자연, 그 숭고한 주인이 우리 모두에게 권유하는 순수한 쾌락을 자네가 맛보길 금하고, 비슷하게 생긴 사람이 이 세상에 태어나는 일을 돕지도 못하게 하니 말이야. 아버지와 어머니와 아이들이 자네한테 요구하는 봉사도 못 베풀게 하고, 자네를 환대해준 주인에게 보답하거나 신민을 늘려줌으로써 나라를 살찌우는 것도 막으니 말이야. 나는 자네가 신분이라고 부르는 것도 잘 모르겠네. 하지만 자네의 첫째 의무는 남자가 되는 것, 그것도 감사할 줄 아는 남자가 되는 것이야. 나는 오루네 풍속들을 자네 나라로 가져가라고 하지는 않아. 하지만 이 오루, 자네를 대접하는 집의 주인이자 자네의 친구 오루는 타히티의 풍속에 자네가 맞춰주길 간청하네. 타히티의 습속들이 자네 것들보다 좋으냐, 나쁘냐? 그건 풀기 쉬운 문제지. 자네가 태어난 땅에는 그 땅이 먹여 살릴 수 있는 것보다 사람들이 많나? 그럴 경우 자네네 풍속들은 우리 것들보다 더 나쁘지도 좋지도 않을 걸세. 현재보다 더 많은 사람들을 먹여 살릴 수 있다고? 그렇다면 우리의 풍속이 자네 것보다 낫지. 자네가 내게 들먹이는 예의범절이란 것으로 말하자면, 난 자네를 이해해. 내가 틀렸다는 것도 인정해. 그 점에 대해선 용서를 구하지. 하지만 나는 자네더러 건강을 해치라는 게 아냐. 만약 자네가 지쳤다면 쉬어야 해. 하지만 계속해서 우리를 서글프게 하지는 말길 바라네. 자네가 이 여자들 모두의 얼굴에 드리운 근심을 보게. 이들은 자네가 자기들을 무시할 만한 결점들을 본 게 아닌가 두려워하고 있어. 어쨌든 내 딸들 중 하나에게 그 또래 친구들과 자매들 속에서 명예를 누리게 해주는 기쁨, 착한 일 한 번 하는 기쁨이 자네한테 만족감을 주지 않을까? 관대해지게."

사제: 그런 게 아니야. 넷 다 모두 아름다워. 하지만 내 종교와 내 신분이!

오루: 그녀들은 나한테 속해 있어. 나는 자네한테 그녀들을 내주는 거고. 또한 그녀들은 각자 자신의 것이야. 그런 그녀들이 자네한테 자신들을 주는 거야. '종교'란 것이 부과하는 양심상의 순결이 어떻고 또 '신분'이란 것이 자네에게 예정한 것이 무엇일지라도 자네는 그녀들을 두려움 없이 취할 수 있어. 나는 내 권위를 조금도 남용하는 게 아냐. 내가 각자의 권리를 알고 또 존중한다는 점을 믿어주게나.

여기서 그 진실한 사제는 신이 그토록 강한 유혹에 그를 처하게 한 적이 없었다고 고백하고 있다. 그는 젊었고 그런 만큼 흔들렸고 괴로워했다. 그는 사랑스럽게 애원하는 그들로부터 거듭 시선을 돌렸지만 이내 시선은 그들에게 되돌아갔다. 그는 하늘을 향해 두 눈, 두 손을 들어 올렸다. 가장 어린 티아는 그의 무릎을 감싸 안으며 그에게 말했다. "손님, 우리 아버지를 괴롭히지 마세요. 어머니를 괴롭히지 말고 나도 괴롭히지 마세요! 이 오두막집에서, 우리 식구들이 보는 앞에서 날 영광스럽게 해줘요. 나를 놀리는 우리 언니들의 대열로 나를 끌어올려줘요. 큰언니 아스토는 벌써 아이가 셋이에요. 둘째 언니 팔리는 둘이고요. 그런데 티아는 하나도 없어요. 손님, 진실한 손님, 나를 저버리지 마세요! 날 어머니가 되게 해주세요. 어느 날 함께 손잡고 타히티 섬을 걸어 다닐 아이를 나한테 만들어주세요. 아홉 달 동안 내 가슴에 매달려 있을 아이를! 난 아이에 대해 자부심을 느낄 거고, 내가 아버지의 집에서 다른 사람네 집으로 들어갈 때 그 아이는 내 지참금의 일부가 될 거예요. 우리 타히티 젊은이들보다 당신과 함께하는 게 운이 더 좋은 거죠. 만약 당신이 내게 이런 호의를 베푼다면 난 절대로 당신을 잊지 않을 거예요. 난 평생 당신을 축복할 거예요. 나와 내 아들의 팔에 당신 이름을 써놓을게요. 또 끊임없이 그 이름을 기쁘게 부를게요. 그리고 당신이 이 해변을 떠나갈 때며, 고향에 도착할 때까지 기도로써 당신을 따라갈게요."

순진한 사제는 그녀가 그의 손을 꼭 붙잡고 매우 풍부한 표정을 지으며 감동적인 시선으로 자기 눈을 들여다보았고, 그녀가 울고 있었고, 그사이 그녀 아버지와 어머니와 언니들이 물러갔고, 그가 그녀와 함께 남아 계속 "하지만 내 종교, 내 신분"이라 말했고, 다음 날 그가 이 처녀 곁에서 자고 있는 자신을 발견했고, 그녀가 그에게 연신 입맞춤을 퍼붓고 있었고, 아침에 자기 아버지, 어머니, 언니들이 그들의 침대로 다가오자 그들도 자기처럼 감사해달라고 청하더라고 말했다.

아스토와 팔리는 다시 물러갔다가 그 지방의 요리와 마실 것과 과일들을 갖고 다시 왔다. 그녀들은 동생을 껴안고 그녀를 위해 소원을 빌었다. 그들은 모두 함께 식사했다. 그 뒤 오루가 사제와 함께 단둘이 남게 되었을 때 그에게 말했다.

"내 딸이 자네한테 만족한 거 같군. 고맙네. 그런데 자네가 그토록 여러 번, 그것도 그토록 고통스러워하며 말하던 종교란 게 뭔지 내게 말해주겠나?"

사제는 잠시 생각에 잠겼다가 대답했다. "자네의 오두막과 그 안에 들어찬 가재도구들을 누가 만들었지?"

오루: 나지.

사제: 저런! 우리는 이 세상과 이 세상에 있는 모든 것이 어느 장인의 작품이라 생각하네.

오루: 그는 그럼 발도, 손도, 머리도 있겠군.

사제: 아니.

오루: 그는 어디 살지?

사제 : 어디든.

오루 : 여기도?

사제 : 여기도.

오루 : 우린 한 번도 본 적 없는데.

사제 : 사람들은 볼 수 없지.

오루 : 참 무심한 아버지구먼. 틀림없이 늙었을 거야. 적어
도 자기가 만든 피조물만큼의 나이는 먹었을 테니.

사제 : 그분은 조금도 늙지 않아. 그분은 우리의 조상들에
게 율법을 내렸다고 말씀하셨어. 그분은 스스로 경배받는
방식도 미리 정해주셨어. 어떤 행위들은 좋은 것이라며 명
령하셨고 또 다른 것들은 나쁜 것이라며 금지하셨지.

오루 : 알겠네. 그가 나쁘다고 금지한 행위들 중 하나가 그
러니까 원숙한 여인이나 소녀와 자는 거라고? 그럼 그는 왜
성을 둘로 만들었지?

사제 : 둘이 결합하기 위해서. 하지만 몇몇 조건들이 필요
하지. 미리 이런저런 예식을 치른 다음에만 한 남자가 한 여
자의 것이 되는데, 그는 오로지 그녀에게만 속하고 마찬가
지로 한 여자는 한 남자의 것이 되어 오로지 그에게만 속한
다는 식으로 말이야.

오루 : 평생토록?

사제 : 평생토록.

오루 : 그런데 한 여자가 자기 남편 아닌 남자와 자거나 한

남자가 자기 아내 아닌 여자와 자게 되면…… 하지만 그런 일은 일어나지 않겠군. 왜냐하면 신이 거기 계시고, 그런 일은 당신 마음에 안 드니까 그 일을 못 하게 막을 줄도 아실 것 아닌가.

사제 : 아니. 신은 사람들이 그렇게 하게 내버려 두시지. 그래서 사람들은 우리가 '위대한 조물주'라고 부르는 신의 계율도, 나라의 법률도 위반하게 돼. 죄를 짓는 거지.

오루 : 내 말 때문에 기분 나빠지면 유감스럽겠네만 괜찮다면 자네한테 내 생각을 말하고 싶군.

사제 : 말해보게.

오루 : 내 생각에 이런 이상한 계율들은 자연에 위배되고 이성에도 반하는 듯해. 그 계율들은 갖가지로 죄를 늘릴 뿐이야. 머리도 손도 도구도 없이 모든 걸 만들고, 어디에도 있지만 어디서도 보이지 않고, 오늘도 내일도 계속 살아 있지만 절대 나이를 먹지는 않고, 명령하나 복종을 받는 것도 아니고, 죄짓는 걸 막을 수 있는데도 막지 않는 그 늙은 장인을 화나게 하기 위해서 그 계율들이 만들어진 거 같군. 또한 느끼고 생각하고 자유로운 한 사람이 자기와 비슷한 다른 사람의 소유물이 될 수 있다고 여기기 때문에라도 반자연적이야. 도대체 그런 권리가 어디에서 나오지? 자네 나라에서는 감성과 사고와 욕망과 의지가 없어서 버리든 취하든 간직하든 교환하든 고통을 느끼지도 불평을 해대지도 않는

것과, 결코 교환될 수도 소유될 수도 없으며 자유와 의지와 욕망을 지니고 잠시 증여될 수 있는 것이 아니라 주면 영원히 주고 거부하면 영원히 거부하는, 즉 그 특성을 잊지 않고 자연에 해를 끼치지 않는 한 어떤 거래의 결과가 될 수 없는 존재를 혼동하고 있다는 걸 모르겠나? 그건 존재의 보편 법칙에 위배되는 걸세. 사실상 우리 안에 있는 변덕을 금하고 우리에게 원래 존재하지도 않는 정절을 요구하면서 한 남자와 한 여자를 영원히 연결해놓고 그럼으로써 남녀의 본성과 자유를 훼손하는 것, 쾌락 중에서 가장 변덕스러운 쾌락을 항상 똑같은 개인에게만 한정시키는 정절이란 것, 한순간도 똑같지 않은 하늘 아래서, 붕괴될 위험이 있는 동굴 속에서, 먼지로 전락할 바위 아래서, 금 간 나무 밑동 앞에서, 흔들리는 돌 위에서, 육체를 지닌 두 존재가 영원히 변치 않으리라 약속하는 것처럼 정신 나간 일이 있을 거 같나?

그렇다면 동물의 상태보다 인간의 상태가 더 나쁘다는 걸 알아주게. 나는 자네의 그 위대한 조물주란 게 뭔지 모르네. 하지만 나는 그가 우리의 조상들에게는 아무 말도 하지 않았다는 게 기쁘군. 또 그가 우리 자손들에게도 아무것도 말하지 않길 비는 바네. 왜냐하면 우연히라도 그가 우리 자손들에게 그런 똑같은 바보스러운 소리들을 할 수도 있을 테고, 아마도 그들은 그 말을 믿는 바보짓을 할 수 있을 테니까. 어제 밥을 먹으면서, 자네는 우리한테 법관들과 사제들에 대해 말했지. 나는 자네가 법관이니 사제니 부르는 그 사람들, 권위로 자네들의 행위를 규제하는 그 사람들이 누구인지 모르겠어. 하지만 말해보게. 그들이 선과 악의 주재자라고? 그들이 옳은 걸 그르다 하고, 그른 걸 옳다고 할 수 있다고? 선을 해로운 행위라 여기고 악을 무구하고 쓸모 있는 행동들로 간주하는 게 그들에게 달렸다고? 그렇게는 생각할 수 없을걸. 그렇게 되면 진실도 거짓도 없고, 좋은 것도 나쁜 것도 없으며, 아름다움도 추함도 없어질 것이기 때문이야. 그렇게 말하는 것이 자네의 그 위대한 조물주와 법관들과 사제들의 마음엔 들지 않겠지만 말이지. 순간순간 자네는 생각과 행동들을 바꿔야 할 걸세. 어느 날, 자네의 세 주인들 중 하나가 '죽여'라고 명령하겠지. 그러면 아마도 자네는 양심에 거리낌 없이 죽일 게 틀림없어. 또 다른 날 '훔쳐'라고 하면 자네는 훔치겠지. 혹은 '이 과일은 먹지 말라'고 하면 자넨 감히 그걸 조금도 먹지 못할 거야. '이 풀이나 이 동물을 먹지 말라'고 하면 그것을 건드리지 않을 거야. 자네에게 금하지 못할 선행도 없고 자네에게 명하지 못할 악행도 없겠지. 그런데 이런 일은 자주 일어날 것 같네만, 자네의 세 주인들이 의견 일치를 못 보고, 같은 것에 대해 하나는 허용하고 하나는 엄명하고 하나는 금지한다면 자네 어떻게 하겠는가? 그러면 사제를 기쁘게 하기 위해 법관과 다퉈야 하고, 법관을 만족시키기 위해 위대한 조물주를 실망시켜야 하며, 위대한 조물주의 맘에 들게 하기 위해 자연을 거역해야 할 거야. 그러면 무슨 일이 일어나는 줄 아나? 자네는 이 셋 모두를 거역하고 인간도 시민도 독실한 신자도 아니게 되는 거야. 결국 아무것도 아니게 되는 거지. 자네는 모든 종류의 권위와 불편해질 거야. 자네 자신과도 그렇고. 자네의 마음도 괴롭고 자네의 그 정신 나간 주인들로부터는 박해받게 되겠지. 또 내가 어제 내 딸들을 데려다주었을 때 자네가 보여준 모습처럼 불행해질 거야. 자네는 이렇게 외쳤지. "하지만 내 종교! 내 신분!" 언제고 어디서고 무엇이 옳고 그른지 알고 싶은가? 사물과 행동의 본성 및 타인과의 관계에 주목해보게. 또한 자네의 행동이 자네의 사익이나 공익에 미치는 영향력에 주목해보게. 자네가 이 세상 저 높은 곳이나 낮은 곳 어디든 자연의 법칙에 무언가 더하거나 뺄 게 있다고 생각한다면 망상에 빠진 거야. 자연의 영원한 의지는 선이 악보다, 보편적 이익이 특정 이익보다 선호된다는 거야. 그와 반대로 명령해도 복종을 얻어내지 못할걸. 두려움과 벌과 회한을 통해 죄인과 불행한 사람들 수를 늘릴 거고. 양심을 타락시키고 정신들도 망가트릴 거야. 그들은 무엇을 해야 할까, 무엇을 하지 말아야 할까 더 이상 알 수 없게 된다네. 지은 죄도 없이 고통스러워하고, 큰 죄를 짓고도 오히려 태평하고, 방향을 잡아주는 북극성을 시야에서 잃고, 길도 잃고 말겠지. 솔직히 대답해줘. 자네의 그 세

입법자의 각별한 명령에도 불구하고 자네 나라 젊은이가 그들의 허락 없이 어떤 처녀와 자는 경우가 절대로 없다고?

오루 : 자기 남편한테만 종사하겠다고 선서한 부인은 다른 남자한테 절대로 몸을 허락하지 않나?

사제 : 그것처럼 흔한 일도 없지.

오루 : 자네의 입법자들은 엄격하기도 하지만 그렇지 않기도 하군. 그들이 엄격하다면 자연과 싸우는 야수들이겠고, 엄격하지 않다면 쓸데없이 금지함으로써 스스로 권위가 무시당하게 하는 바보들이겠구먼.

사제 : 죄인들은 엄중한 법망을 피해가더라도 여론의 수모를 겪지.

오루 : 즉 재판이란 것도 나라 전체에 공통된 상식이 없기 때문에 비로소 할 수 있다는 말이지. 또 법을 보충하는 것은 여론의 광기라는 거고.

사제 : 명예가 더럽혀진 처녀는 더 이상 남편을 찾지 못해.

오루 : 명예가 더럽혀지다니! 왜?

사제 : 정절을 지키지 않는 여자는 다소간 멸시당하지.

오루 : 멸시당한다고! 왜?

사제 : 그런 젊은 남자는 또 비열한 유혹자로 불리지.

오루 : 비열한 사람! 유혹자! 그건 또 왜지?

사제 : 아버지와 어머니와 자식이 괴롭거든. 변덕스러운

남편은 방탕한 거고, 아내한테 배신당한 남편은 자기 아내와 마찬가지로 수모를 당하고.

오루 : 자네 무슨 그런 괴상하고 엉뚱한 소릴 늘어놓는 거야! 또한 자네 나한테 할 말 다한 것도 아니지. 왜냐하면 정의와 재산에 대한 관념들을 마음대로 처분하고, 사물들에 자의적인 특성을 부여하거나 박탈하고, 변덕에만 의지해 선과 악을 행위들과 결합시키거나 분리시키자마자 사람들은 서로 꾸짖고 비난하고 의심하고 전제적이 되고 질투하고 시기하고 속이고 괴롭히고 감추고 숨기고 염탐하고 덮치고 싸우고 거짓말하게 될 걸세. 소녀들은 자기 부모를 속이고 남편들은 아내를, 아내들은 남편을 속일 거야. 그래, 소녀들은 자기 아기들을 질식시켜 죽이고, 의심 많은 아비들은 자기 자식들을 아예 모른 척하거나 돌보지 않을 거야. 어미들은 자식들을 자신에게서 떼어내 운명에 내맡겨버릴 거고, 온갖 종류의 범죄와 방탕이 퍼질 거야. 마치 내가 자네들 사이에서 살아보기라도 한 것처럼 전부 다 알겠네. 그것은 자명해. 그럴 수밖에 없기 때문이지. 자네가 아름다운 질서를 자랑하는 그 사회란 비밀리에 법을 짓밟는 위선자들이나, 그것에 복종함으로써 자기 자신을 고문하는 도구가 되는 불행한 사람들이나, 편견이 자연의 목소리를 완전히 질식시켜버린 바보들이나, 자연이 권리를 주장하지 못하게 만든 병신들의 덩어리에 지나지 않을 거야.

사제 : 그럴 수도 있겠군. 하지만 자네들은 결혼이란 걸 아예 안 하나?

오루 : 우리도 결혼하지.

사제 : 자네들의 결혼이란 어떤 건가?

오루 : 괜찮으면 같은 천막에서 살고, 같은 잠자리에서 자는 거지.

사제 : 그럼 그게 불편해질 때는?

오루 : 우린 헤어지지.

사제 : 자식들은 어떻게 되고?

오루 : 오 이방인아! 자네의 마지막 질문은 마침내 내게 네 나라의 불행의 뿌리를 알게 해주는구나. 친구여, 여기선 한 아이의 출생은 언제나 행복이고 그의 죽음은 회한과 눈물을 낳는다네. 아이는 소중한 재산이야. 그는 어른이 될 거니까. 그런 만큼 우리는 아이에게 우리의 동식물들과는 전혀 다른 관심을 갖는다네. 태어난 아이는 사적으로도 공적으로도 기쁨을 가져오지. 가정으로 보자면 재산 증식이고 나라로 보자면 힘의 증대이기 때문이야. 타히티의 일손이 늘어나는 걸 의미하지. 우리는 그에게서 농부와 어부와 사냥꾼과 병사와 남편과 아버지를 봐. 한 여자가 남편의 천막에서 나와 자기 부모의 천막으로 다시 돌아갈 때면 그녀는 자기가 지참금으로 데려왔던 아이들을 데리고 가지. 사람들은 동거하는 동안 낳았던 아이들을 나누고. 가능한 한 아들과 딸의 수

를 조정해서 각자가 데리고 있는 딸과 아들 수를 거의 똑같이 맞추지.

사제 : 아이들이란 도움이 되기 전엔 오랫동안 부담이 되지 않나.

오루 : 우리는 그들의 양육과 노인 부양을 위해 국가총생산의 6분의 1을 써. 그만큼은 언제나 그들을 위해 쓰지. 그러니 타히티에선 가족 수가 많을수록 부유한 걸세.

사제 : 6분의 1이라고!

오루 : 이건 인구 증가를 보장하고 노인을 공경하고 아이들을 돌보게 해주는 수단이야.

사제 : 부부들은 가끔 재혼하기도 하나?

오루 : 자주 하지. 하지만 결혼 기간은 아무리 짧더라도 각각 한 달씩은 지나야 해.

사제 : 부인이 임신하지 않은 경우에만 그렇겠지. 임신한 경우는 적어도 9개월은 지나야 하지?

오루 : 틀렸어. 부성애는 공물처럼 어디든 자식들을 따라가거든.

사제 : 자넨 부인이 아이들을 남편에게 바치는 지참금 조로 데려간다고 하지 않았나.

오루 : 물론이지. 저기 자식 셋을 낳은 내 큰딸이 있네. 그 아이들은 잘 걷고 건강하고 잘생겼지. 앞으로도 튼튼할 것 같아. 갑자기 내 큰딸이 결혼할 맘을 품게 되면 그 애는 자

식들을 데려가겠지. 그 아이들은 내 딸에게 속하니까. 그 애 남편은 기꺼이 그 아이들을 받아들일 것이고, 그의 부인이 네번째 아이를 임신하게 된다면 그한테 그처럼 기분 좋은 게 없을 테지.

사제 : 그 남자의 아이?

오루 : 그의 아이든 다른 남자의 아이든. 우리 딸들은 아이를 많이 가질수록 인기가 있지. 아들들은 힘세고 잘생겼을수록 부자고. 또한 우리는 성년에 이르지 못한 소녀들한텐 남자들이 접근하지 못하게 보호하고 소년들은 여자와 관계하는 것을 금한다네. 소년 소녀들이 결혼 적령기에 도달하면 우리는 그들에게 출산을 장려하지. 자넨 잘 모르겠지만 만약 내 딸 티아에게 아이를 만들어주었다면 자네 그 아이에게 아주 대단한 호의를 베푼 거야. 아이 엄마는 이제 더이상은 다달이 딸한테 이렇게 말하지 않겠지. "그런데 티아, 대체 무슨 생각하는 거니? 넌 임신할 생각도 안 하는구나. 넌 열아홉이야. 벌써 아이 둘은 낳았어야 해. 그런데 하나도 없다니. 누가 널 맡겠니? 이러다 젊은 시절 다 보내고 나면 늙어서 뭘 할래? 티아, 너한텐 남자들이 떨어져나가게 하는 무슨 결함이 있는 게 틀림없어. 아가, 고쳐라. 네 나이 때 나는 벌써 세 아이 엄마였단다."

사제 : 자네의 사춘기 딸들과 아들들을 보호하기 위해 자넨 무슨 대비책을 마련하고 있나?

오루 : 그건 가정교육의 가장 주된 목적이고 공공의 풍속에서 가장 중요한 점이지. 우리의 아들들은 성적으로 성숙하고도 두어 살 더 먹은 스물두 살까지는 긴 웃옷을 입고 작은 사슬로 된 허리띠를 매고 있어. 소녀들도 결혼 적령기가 되기 전에는 흰 베일을 쓰지 않으면 밖에 나갈 수 없지. 우리가 그들에게 어려서부터 그렇게 안 하면 큰일 난다고 가르쳤기에 그들이 사슬을 벗기거나 베일을 올리는 식의 잘못을 저지르는 적은 거의 없어. 하지만 남성으로서의 힘이 모두 갖춰지고 정력의 표시들이 지속적으로 나타나 정액이 빈번하게 분출하고 정액의 질이 우리를 안심시킬 수준이 되면, 그리고 딸이 창백해지고 심심해하고 욕망을 품고 욕망을 도발하고 또 그 욕망을 만족시킬 만하게 잘 성숙하면 아버지는 아들에게서 사슬을 풀어내고 오른손 가운뎃손가락의 손톱을 자르고, 어머니는 딸의 베일을 벗기지. 이제 그는 한 여자를 유혹할 수 있고 여자로부터 유혹받을 수 있어. 그 딸은 얼굴과 가슴을 드러내고 공공연하게 돌아다니며 남자의 애무를 받아들이거나 뿌리칠 수 있지. 사람들은 처녀 총각들에게 더 좋은 타입이 어떤 것인지를 미리 알려줄 뿐이야. 한 처녀나 총각을 해방하는 잔치는 매우 성대하지. 처녀의 경우, 전날부터 젊은이들이 그 천막 주위에 모여들고 목소리와 악기로 연주되는 음악이 밤새도록 울려 퍼지지. 그 날이 오면 그녀는 아버지와 어머니의 인도 아래 춤추면서

뛰어오르기 시합과 경주, 격투를 벌이는 둥근 포위망 속에 들어가게 되지. 벌거벗은 남자의 온갖 부위와 포즈들을 그녀 앞에 펼쳐 보이는 거야. 만약 그게 총각의 성인식이면, 반대로 젊은 처녀들이 그 앞에서 환심을 사려 노력하고 잔치 중 경배를 바치고 그의 시선 앞에 두려움도 은밀함도 없이 알몸을 드러내 보일 거고. 예식의 나머지는 자네가 우리들한테 왔을 때 보았던 것 같은 나뭇잎 자리 위에서 끝나. 해가 지면, 젊은 처녀는 자기 부모의 천막 속으로 돌아가거나 그녀가 고른 남자의 천막 속으로 건너가서 자기가 있고 싶을 때까지 거기에 머물지.

사제 : 그러니까 이 잔치가 결혼식인 건가 아닌 건가?

오루 : 자네 말대로……

A : 거기 여백에 보이는 건 뭐죠?

B : 그건 사제가 적어놓은 일종의 노트예요. 사제는 소년 소녀의 상대방 선택에 대해 부모가 주는 지침이 매우 자세하고 유용한 관찰과 양식으로 가득 차 있다고 노트에 써놓았군요. 그것이 아마도 우리같이 타락하고 피상적인 사람들에겐 오히려 용서할 수 없는 파격으로 보일 것 같아 그 구체적인 설명은 생략했다고 덧붙였네요. 하지만 자세히 말하지 않은 것에 대해 유감이 없지는 않다고 하면서 몇 가지 부연합니다. 첫째, 어떤 중요한 대상에 대해 끊임없이 주의를

기울이는 한 나라가 과연 얼마만큼이나 물리학이나 해부학의 도움 없이 연구를 진척시킬 수 있는가이고요. 둘째, 한순간의 쾌락에 형식들을 일치시키는 나라와, 보다 지속적인 필요성에 따라 미의 형식들을 인지하는 나라의 사람들 사이에는 미의식도 차이가 난다는 사실을 발견할 수 있다는군요. 한 사회에서 아름답게 여겨지기 위해서는 빛나는 안색에 넓은 이마, 큰 눈, 섬세하고 우아한 자태, 날씬한 몸, 작은 입, 작은 손, 작은 발이 필요하다면 다른 사회에서는 그런 요소들은 거의 고려의 대상이 되지 않는다는 거죠. 시선을 집중시키고 욕망을 불러일으키는 여성은 오사 추기경의 부인처럼 아이를 많이 낳을 것 같고 활기차고 똑똑하고 용기 있고 건전하고 튼튼하리라 예상되는 여성이지요. 아테네의 비너스와 타히티의 비너스 사이엔 어떤 공통점도 없고요. 하나가 호색적 비너스라면 다른 하나는 다산의 비너스입니다. 어느 날 한 타히티 여자는 그 나라의 다른 여자한테 경멸조로 말했답니다. "너는 아름답지만 아이들은 못생겼다. 나는 못생겼지만 잘생긴 아이들을 낳았다. 남자들이 더 좋아하는 건 나야."

이 사제의 노트 뒤로는 오루의 말이 이어집니다.

A : 그걸 계속 읽기 전에 부탁이 있는데요. 뉴잉글랜드에서 일어난 사건 이야길 해주세요.

B : 그 얘긴 이렇습니다.[12] 폴리 베이커 양이라는 미혼모

가 다섯번째 임신을 하게 되어 보스턴 근처 코네티컷 주 법정으로 소환되었어요. 법은 방종 때문에 어머니라는 이름을 갖게 된 모든 여성들에게 벌금을 물리거나, 벌금을 낼 수 없는 사람에게 체벌을 내렸습니다. 폴리 양은 배심원들이 모여 있는 홀로 들어오면서 이렇게 말했습니다. "여러분께 몇마디 드릴 수 있게 해주세요. 저는 불행하고 가난한 미혼녀입니다. 제겐 변호사비도 낼 방도가 없습니다. 그리고 오랫동안 여러분을 붙잡고 있지도 않겠습니다. 여러분이 앞으로 내릴 선고가 법과 저촉된다고 주장하지도 않겠습니다. 제가감히 말씀드리고자 하는 건, 저를 위해 정부의 사면을 탄원해주시고 정부가 벌금형을 취소하게끔 해주십사 하는 것입니다. 똑같은 죄목으로 제가 여러분 앞에 선 게 어언 다섯번째입니다. 두 번은 무거운 벌금을 냈고 두 번은 제가 그 돈을 지불할 처지가 못 되었기 때문에 공개적으로 수치스러운처벌을 받았습니다. 그건 아마도 법에 합치되는 일일 겁니다. 그 점에 대해 제가 반박하진 않겠습니다. 하지만 때때로불공정한 법이란 게 있고 그래서 사람들은 그것을 폐지합니다. 그리고 너무 가혹한 법들도 있어서 권력은 그 집행을 면

---

12 아래의 폴리 베이커 이야기는 원래 벤저민 프랭클린이 꾸며낸 이야기로서 『영국 신문』을 통해 알려졌다가, 레이날에 의해 『두 인도의 역사』에 실린다. 디드로는 이것을 자기 방식으로 재창작하여 『부갱빌 여행기 부록』에 삽입한다.

제하기도 합니다. 저는 저를 벌주려 하는 법이 그 자체로 불공정하며 저한테는 너무 가혹하다는 점을 감히 말씀드리고 싶습니다. 제가 사는 곳에서 저는 그 누구도 해치지 않았고, 만약 제 말에 반박하는 이가 있다면 제가 그 어떤 남자든 여자든 아이한테든 잘못한 적이 있는지 증명할 수 있으면 해보라고 하겠습니다. 딱 한 번만 제게 법의 존재를 잊게 해주십시오. 법 때문이 아니라면 저는 무엇이 저의 죄인지 알 수 없습니다. 저는 죽을 위험을 무릅쓰고 세상에 아름다운 아이들 다섯 명을 낳았고 제 젖으로 그 아이들을 먹여 키웠고 스스로 일해서 뒷바라지했습니다. 벌금을 물지 않았더라면 아이들한테 더 많은 걸 해주었을 겁니다. 벌금은 제게서 그럴 방도를 빼앗아갔지만요. 인구가 부족한 신생국에 신의 종들을 늘려준 것이 죄입니까? 저는 그 어떤 부인의 남편도 빼앗지 않았고 어떤 젊은이도 방종에 빠트리지 않았습니다. 사람들은 결코 죄 많은 일을 했다고 저를 꾸짖은 적이 없습니다. 누군가 저에 대해 불평한다면 그것은 제게서 한 번도 혼인세를 받지 못한 당국 말고는 없습니다. 하지만 그게 제 잘못인가요? 여러분께 호소합니다. 여러분은 제가 지금껏 살아온 수치스러운 처지보다는 한 남자의 부인이란 신분을 더 좋아할 정도의 상식은 갖고 있다고 확신하실 겁니다. 저는 늘 결혼하길 원해왔고 지금도 여전히 그걸 바라고 있습니다. 저는 아이를 많이 낳은 만큼이나 한 아내로서 좋은 품

행과 근면, 절약하는 삶을 살겠다고 말하는 걸 조금도 두려
워하지 않습니다. 혼인 상태에 들어가는 걸 제가 거부했다
고 말하는 사람이 있으면 말해보세요. 제가 그 제안을 단 한
번 처음으로 받았을 때 전 그 자리에서 승낙했습니다. 전 그
때 아직 처녀였습니다. 저는 제 명예를 한 남자에게 바칠 만
큼 순진했지만 그는 그렇지 않았지요. 그는 제게 첫 아이를
갖게 하곤 이내 저를 버렸습니다. 여러분 모두가 알고 있는
그 사람은 지금 여러분처럼 고관이 되어 당신들 주변에 있
습니다. 저는 오늘 이 법정에 그가 나타나 저를 위해 당신들
의 동정심에 호소하기를 바랐습니다. 자기 때문에 불행해진
한 여자를 위해서 말입니다. 그랬더라면 우리들 사이에서
일어났던 일을 상기하면서, 이렇게 얼굴을 붉히면서까지 그
일을 공개할 수는 없었을 겁니다. 오늘 제가 법의 불공정함
에 대해 한탄한다 해서 제가 잘못하는 걸까요? 저를 유혹한
사람은 제 방황의 첫번째 원인입니다. 그는 채찍과 치욕으
로써 제 불행에 벌을 가한 바로 그 정부에서 권력과 영광의
자리에 올랐습니다. 사람들은 제가 종교의 교리들을 위반했
다고 대답하겠지요. 제가 거스른 게 신이라면 신께서 친히
저를 벌하시게 놔두십시오. 여러분은 저를 이미 교회 공동
체로부터 추방하셨습니다. 그것으로 충분하지 않습니까? 여
러분은 지옥의 형벌이 저세상에서 저를 기다리고 있으리라
생각하시겠지요. 그런데 거기에 왜 벌금과 채찍의 형벌까지

덧붙이십니까? 이렇게 생각하는 것을 용서하세요, 여러분. 저는 신학자는 절대 아니지만 신이 영생의 영혼을 부여해주신 아름다운 아이들, 신을 경배할 아름다운 아이들이 세상에 태어나게 한 일이 그렇게 큰 죄라고 생각하긴 어렵습니다. 만약 행위의 본성을 바꾸고 그것으로써 죄를 짓게 하는 법을 만드실 거라면 나날이 수가 늘어가는 독신자獨身者들을 처벌하는 법을 만드세요. 유혹하고 가족을 더럽히고 그 옛날 저 같은 처녀들을 속이고 제가 당한 것처럼 미혼모들을 배척하고 경멸하는 사회의 한복판에서 살아가게 하는 그런 사람들 말입니다. 공공의 안녕을 해치는 사람들은 무엇보다 그들입니다. 법의 단죄를 받아 마땅한 것은 저의 죄가 아니라 바로 그들이 짓는 죄입니다."

이 기묘한 연설은 베이커 양이 기대했던 효과를 자아냈습니다. 그녀의 배심원들은 그녀에게 벌금과 체형을 면해주었습니다. 거기서 일어났던 일을 알게 된 그녀의 유혹자는 자신의 애초 행동을 후회했습니다. 그는 그녀에게 보상을 하고 싶어 했고 이틀 뒤 베이커 양과 결혼함으로써 5년 가까이 자신이 창녀로 만들어놓았던 여자를 정숙한 부인으로 만들어주었습니다.

A : 그거 당신이 만들어낸 얘기 아닌가요?

B : 아뇨.

A : 그렇다면 안심이군요.

B : 레이날 신부가 『두 인도의 역사』에서 이 사건과 연설을 말했는지 안 했는지 모르겠군요.

A : 그 책은 그의 이전 저작들과 매우 다른 톤으로 된 걸작이어서, 다른 사람의 손을 빌린 것 아닌지 의심받고 있지요.

B : 그건 정당하지 않은 일이에요.

A : 아니면 나쁜 짓이고요. 사람들은 위인의 머리를 에워싸고 있는 월계관을 망가트립니다. 나뭇잎 하나 남아 있지 않을 정도로요.

B : 하지만 시간은 흩어진 잎들을 모아 다시 월계관을 만들지요.

A : 그래도 당사자는 죽잖아요. 동시대인들의 저주로 고통받고, 후대로부터 받는 보상은 아무것도 느끼지 못하는 거죠.

4

사제와 그 타히티 원주민의 대담 계속

오루 : 임신이 확인되는 순간은 그 처녀와 부모들에게 얼마나 즐거운 순간인지! 그녀는 일어나 어머니 아버지 품으로 달려가 그들의 목에 매달린다네. 딸은 기쁨으로 들떠서 그 중요한 일대 사건을 알리고 부모는 그 소식을 알게 되는 거지. "엄마! 아빠! 나 안아줘요. 나 임신했어요. ─ 정말이냐? ─ 정말이지요. ─ 누구 애야? ─ 아무개로부터."

사제 : 어떻게 아이 아버지 이름을 알 수 있지?

오루 : 왜 그녀가 그걸 몰랐으면 좋겠나? 결혼 기간만큼이나 우리에게는 사랑을 의무적으로 지속해야 하는 기간이 있기 때문이야. 그건 적어도 한두 달은 되지.

사제 : 이 규칙이 아주 신중하게 지켜지나?

오루 : 생각해봐. 일단 두 달이란 기간은 길지 않아. 하지만 두 아비가 한 아이의 잉태에 대해 둘 다 그럴듯한 주장을 할 경우, 그 아이는 더 이상 어미한테 속하지 않아.

사제 : 그럼 누구한테 속하지?

오루 : 두 남자 중 하나에게 주어지는데, 그건 전적으로

임신한 엄마 마음이야. 전적인 특혜지. 아이는 그 자체로 이익과 부의 대상이거든. 자네는 우리들 중에서 탕녀들이 드물고, 젊은이들이 그런 여자들을 멀리한다는 걸 아나.

사제 : 그럼 자네들도 탕녀가 있단 거군? 그거 안심되는 일이군.

오루 : 우리도 여러 종류의 탕녀들이 있지. 하지만 자넨 내가 자꾸 주제에서 벗어나게 하는군. 우리 딸들이 임신했을 때 아이 아버지가 잘생기고 체격 좋고 용감하고 똑똑하고 부지런한 남자라면 그 아이가 아비의 장점들을 물려받으리라는 희망 때문에 기쁨이 두 배가 되지. 내 딸은 남자 선택을 잘못했을 때만 부끄러워할 뿐이야. 자네는 우리가 건강함과 아름다움과 힘과 재주와 용기에 얼마나 큰 가치를 부여하는지 보았을 거야. 우리들이 개입하지 않아도 자네는 우리들 사이에서 피의 특권이 어떻게 계승되는지 알 거야. 여러 곳을 돌아다녀본 자네, 자넨 타히티만큼 아름다운 남자와 여자 들이 많은 곳을 보았는지 말해주게. 날 봐! 자네나 어떤가? 저런! 나보다 크고 나만큼 건강한 남자는 수천이 넘어. 하지만 나보다 용감한 사람은 하나도 없어. 그런 만큼 엄마들은 나를 자기 딸들한테 찍어주지.

사제 : 하지만 자네가 집 밖에서 낳는 자식들 중에서 몇 명이나 자네한테 오지?

오루 : 아들딸의 4분의 1. 우리들 사이에선 남자와 여자,

아이들, 모든 연령과 모든 직능의 노동력 순환이 확립되어 있어. 이는 그 결과 나오는 생산물들의 유통과는 또 다른 중요성을 갖지.

사제 : 알겠네. 그런데 가끔씩 보이는 검은 베일들은 뭐지?

오루 : 그건 날 때부터 혹은 나이 들어 불임이란 표시지. 그 베일을 벗고 남자들과 몸을 섞는 여자는 탕녀야. 또 아이 못 낳는 여성들의 베일을 걷어 올리고 가까이하는 자는 탕아고.

사제 : 그럼 회색 베일은?

오루 : 그건 주기적인 병, 달거리의 표시지. 이 베일을 벗고 남자들과 섞이는 여자도 탕녀야. 베일을 벗기고 상태 안 좋은 여자와 가까이하는 남자는 탕아고.

사제 : 그럼 이런 방종에 대한 벌들이 있나?

오루 : 비난밖에는 없어.

사제 : 그럼 아버지가 자기 딸과 잘 수 있고, 어머니가 자기 아들과, 형제가 자매와, 한 남편이 다른 사람의 부인과 잘 수 있다고?

오루 : 왜 안 되지?

사제 : 간음은 차치하고라도 그런 근친상간, 간통이라니!

오루 : 간음이며, 근친상간이며, 간통이란 게 무슨 뜻이

지?

사제 : 범죄, 크나큰 범죄야. 우리 나라에서는 화형 시킬 만한 범죄지.

오루 : 자네 나라에서 화형을 시키든 말든 나한텐 중요치 않아. 하지만 자넨 타히티 관습으로 유럽의 관습을 꾸짖지는 않겠지. 그러니 자네네 관습으로 타히티의 관습을 꾸짖을 수도 없다네. 우리에겐 더 확실한 규칙이 하나쯤 필요하네. 그런데 그게 무슨 규칙이냐고? 공동선과 개별적인 유용성 말고 다른 것을 아나? 지금 자네가 말하는 그 근친상간이란 죄가 우리 행동의 두 가지 목적에 위배되는 점이 있으면 말해주게. 한번 법이 공포되고 수치스러운 말이 창안되고 형벌이 정해지고 나서 모든 게 끝났다고 생각한다면 자네가 틀린 거지. 그렇다면 근친상간이란 말을 자네가 뭐라고 이해하는지 말해주게.

사제 : 하지만 근친상간은……

오루 : 근친상간…… 자네의 그 머리도 손도 도구도 없는 위대한 조물주가 세상을 만든 지 오래되었나?

사제 : 아니.

오루 : 그가 모든 인류를 단번에 만들었나?

사제 : 신은 단지 한 여자와 한 남자를 만드셨지.

오루 : 그들은 아이들이 있었나?

사제 : 그럼.

오루 : 그들 두 최초의 부모가 딸들만 두었고 그들의 어머니가 먼저 죽었다고 가정해보지. 혹은 아들들만 두었는데 어머니가 남편을 먼저 잃었다고도 가정해봐.

사제 : 자넨 날 헷갈리게 하고 있어. 하지만 자네가 아무리 말해도 소용없어. 근친상간은 엄청난 범죄야. 그냥 다른 것에 대해 얘기하지.

오루 : 그렇게 말하는 게 자네에겐 쉽겠지. 근친상간이라는 엄청난 범죄가 무엇인지 내게 말해준다면 입을 다물겠네.

사제 : 아이고! 아마 나도 근친상간이 자연을 조금도 해치지 않는다는 자네 의견에 동의할 수도 있을 거야. 하지만 그것이 정치 구성체를 위협한다는 것으로 충분하지 않은가? 지도자의 안녕과 나라의 평화는 어떻게 되겠는가? 수백만 인구로 구성된 한 나라 전체가 단지 50여 명의 가장 주변에 모여 있다면 말이야.

오루 : 하나의 거대한 사회밖에 없는 것은 최악의 경우이고, 만약 50여 개의 작은 사회로 되어 있다면 행복은 늘어나고 범죄는 줄 거야.

사제 : 하지만 여기서도 아들이 어머니와 자는 경우란 거의 없을 거라 생각하네.

오루 : 그가 어머니한테 존경심이 많지 않고, 또 나이 차를 잊게 할 만한 애정, 열아홉 살 처녀보다 40대 여자를 좋아하게 하는 애정이 없다면.

사제 : 그럼 아버지와 딸의 성교는?

오루 : 딸이 못생기고 인기가 없는 경우가 아니면 흔하진 않지. 아버지가 딸을 사랑한다면 그는 딸의 지참금으로 아이들을 만들어주는 일에 골몰하지.

사제 : 이런 말은 자연이 은덕을 베풀지 않은 여성들의 운명은 타히티에서 행복할 리 없다고 생각하게 하는군.

오루 : 그런 말은 자네가 우리 젊은이들의 관대함에 대해 별로 대수롭지 않게 생각하고 있음을 입증해주는군.

사제 : 형제자매끼리의 결합도 아주 일반적이리란 걸 의심치 않네.

오루 : 매우 허용되는 일이지.

사제 : 자네 말을 듣고 있자니 우리네 나라들에서 그토록 많은 범죄와 악을 만들어온 열정이 여기선 완전히 무죄인 것 같구먼.

오루 : 이방인! 자넨 판단력도 기억력도 모자라는군. 왜 판단력이 없느냐. 금지가 있는 모든 곳에서 사람들은 그 금지된 것을 하고 싶어 하고 실제로 그렇게 하기 때문이야. 또 왜 기억력이 모자라느냐. 내가 자네한테 말했던 것을 더 이상 기억하지 못하고 있기 때문이야. 남자들과 관계해봤자 아무 결과도 낳지 못하는데도 밤에 베일을 벗고 나가서 남자들을 받아들이는 늙은 탕녀들이 우리에게도 있어. 만약 그녀들이 발각되면 섬의 북쪽으로 귀양 가거나 노예가 되는

벌을 받지. 설익은 소녀들이 부모 몰래 흰 베일을 벗는 경우, 집안 한구석에 갇히게 되고. 우린 자연과 법에 의해 예정된 시간 이전에 사슬을 푼 젊은이들에 대해서는 그들의 부모를 꾸짖지. 임신이 되려면 오래 걸릴 것 같은 여자들, 회색 베일을 그다지 신중하게 지키지 않는 부인들과 처녀들의 잘못들에 대해선 그다지 크게 개의치 않네. 자넨 우리 머릿속에서 얼마나 개인이나 공동체의 부에 대한 관념이 인구에 대한 관념과 결합되어 있으며, 또한 그것이 얼마나 우리의 풍속을 정화시키는지 믿기 어려울 거야.

사제 : 똑같은 여자에 대해 두 남자가 열정을 품거나 한 남자에 대해 두 부인이나 두 소녀가 끌리는 경우에도 무질서가 생기는 때가 절대 없나?

오루 : 나는 그런 경우를 네 번밖엔 못 보았어. 그렇게 되면 욕망의 대상이 된 여자나 남자가 선택하면 되지. 어떤 남자든 폭력을 행사하는 건 큰 잘못일 거야. 공적인 고소 수단이 있긴 한데 처녀나 부인이 고소했단 이야기는 거의 들어본 적이 없어. 내가 아는 유일한 것은, 우리의 부인들은 못생긴 남자들에게 동정심이 거의 없다는 거야. 우리의 젊은이들이 은총 못 받은 여자들에게 갖는 동정심보다 더. 그렇다고 우리가 화내진 않고.

사제 : 내가 본 바로는 자네들은 질투란 걸 거의 모르더군. 하지만 모정과 부정, 그토록 강력하고 다사로운 두 감정

이 여기서 아주 낯선 건 아닐지라도 틀림없이 매우 약할 것 같네.

오루 : 우리는 두드러지게 보편적이고 정력적이고 지속적인 것, 즉 이해관계로 그것을 대체하지. 양심에 손을 얹어보게. 자네 동료들의 입술 위에 언제고 붙어 있지만 사실상 마음속에는 없는 허풍스러운 덕이란 놈은 그대로 놔두고 말이야. 어떤 나라에서든 그를 붙잡는 부끄러움이 없다면, 평생 모은 자산과 안락함을 잃느니 자신의 부인이나 아이를 잃는 게 낫다고 여기지 않을 가장이 과연 있을지 내게 말해주게. 반면 사람들이 동포의 침대, 건강, 휴식, 집, 열매, 땅 등등을 돌보는 일에 애착을 갖는 곳이라면 어디서나 동포를 위해 할 수 있는 모든 것을 할 것임이 틀림없어. 아픈 아이의 잠자리를 눈물로 적시는 곳은 이곳이야, 아픈 어머니를 잘 보살피는 곳도 여기야, 다산의 여성과 결혼 적령기의 여성을 돌보는 곳도 여기야, 그들의 교육에 힘쓰는 곳도 여기야. 그들을 잘 보호하는 것은 늘 부의 성장이고 그들을 잃는 건 늘 손실이니까.

사제 : 이 원시성이 정말 옳은 것일까 봐 두렵구먼. 우리나라의 가난한 촌사람은 자기 말을 위해서 자기 아내를 혹사시키고, 자기 자식은 죽게끔 내버려 두면서도 소를 위해서라면 의사를 불러오거든.

오루 : 난 자네가 방금 말한 것을 잘 이해할 수 없구먼.

하지만 그렇게 문명화되었다는 자네 나라에 돌아가면 이런 동기를 그곳에 소개하도록 애쓰게나. 그러면 사람들은 앞으로 태어나는 아기의 가치와 인구의 중요성을 느끼게 될 거야. 내가 자네한테 비밀을 말해주길 원하나? 하지만 그 비밀을 잘 지키길 바라네. 자네들이 왔을 때 우리는 우리의 부인들과 딸들을 자네들에게 내주었지. 자네들은 그에 대해 매우 놀랐고. 자네들은 우리한테 감사를 표함으로써 우리를 웃게 했네. 자네들은 우리가 그 모든 세금 중에서 가장 센 것을 자네와 자네 동료들에게 부과했을 때 우리한테 고마워했지. 우리는 자네한테 돈을 요구한 적도 없고 자네의 물건들로 달려든 적도 없어. 우리는 자네의 상품들을 거들떠보지도 않았지. 하지만 우리의 부인들과 딸들은 자네 혈관의 피를 짜내러 왔지. 자네가 멀어져가더라도 자네는 우리한테 아이들을 남길 거야. 자네란 인물, 자네 자신의 실체에서 뽑아낸 이런 공물이 자네 생각엔 다른 것보다 더 중하지 않을 것 같나? 만약 자네가 그 가치를 가늠하기 원한다면 바닷가로 800킬로미터 가는데 사람들이 2만 보마다 자네에게 똑같은 도움을 청한다고 상상해보게. 우리는 개간할 땅이 많아. 우리에겐 일손이 모자라지. 우리는 자네한테 그 일손들을 달라고 요구한 걸세. 우리는 전염병의 참화로부터 아직 벗어나지 못했어. 그 전염병이 남긴 빈자리를 메우기 위해 우리는 자네들을 이용한 거야. 우리들 옆엔 쳐부숴야 할 적들이 있고 병사들이 필요해. 그래서 우리는 자네더러 그렇게 해달라고 간청했던 거지. 우리네 부녀자 수는 남자들 수보다 훨씬 많아. 그래서 우리는 우리의 과업에 자네도 동참하게 했던 거야. 이 부인들과 소녀들 중에는 우리가 전혀 아이들을 갖게 하지 못한 경우가 있네. 우리가 자네들 품에 갖다 바친 건 바로 그들이야. 우리는 이웃의 압제자한테 사람으로 갚아야 할 빚이 있네. 우리 대신 그 빚을 갚아주는 건 바로 자네와 자네의 동료들이지. 그리고 5~6년 뒤, 자네 자식들이 우리 자식들보다 값이 못 나간다면 우리는 압제자에게 자네의 아들들을 보낼 거야. 자네들보다 더 건장하고 더 건강한 우리지만, 우린 한눈에 자네들이 지력 면에서 우리를 능가함을 알아보았어. 즉석에서 가장 아름다운 부인과 처녀들에게 우리보다 더 나은 종족의 정액을 받아오게 했지. 우리 시도는 아마 성공했을 거야. 우리는 자네들한테서 뽑아낼 수 있는 유일한 부분을 뽑아냈던 거지. 그리고 우리가 아무리 원시적이더라도 우리 또한 계산할 줄 안다는 걸 믿어주기 바라네. 자넨 가고 싶은 곳 어디를 가도 거의 언제나 자네 못지않게 세심한 사람을 보게 될 거야. 그는 자기한테 아무짝에도 쓸모없는 것만을 자네한테 줄 거고 자네한테는 늘 자기한테 유용한 것을 요구할 걸세. 철 조금 얻으려고 금 조각을 자네한테 제시한다면 그건 금이 그에게 쓸모가 없어서 철을 가져가겠다는 거지. 그런데 자네가 왜 다른 사람들과는 다른 옷을 입고 있는지 말해주겠나? 자네를 머리부터 발끝까지 덮고 있는 이 긴 윗도리며 자네 어깨 위로 흘러내리게 놔두거나 자네 귀를 덮는 이 뾰족한 주머니는 다 뭘 의미하는 건가?

사제 : 이건 자네가 보다시피, 우리 나라에서 '수도사들'이라고 불리는 사람들의 집단에 내가 속해 있다는 표시지. 그들의 선서 중 가장 신성한 것은 어떤 여자도 가까이하지 않으며 아이를 낳지 않는다는 것이지.

오루 : 그럼 자네들은 뭘 하지?

사제 : 아무것도.

오루 : 그럼 자네의 법관이 모든 것들 중에서 가장 나쁜 게으른 종자들을 참아주고 있다고?

사제 : 더하지. 그는 그들을 존중하고 또한 존중받게 한다네.

오루 : 난 처음에 자연이나 사고, 혹은 어떤 잔인한 기술이 자네로 하여금 자식을 낳을 수 있는 능력을 빼앗았다고 생각했지. 또 사람들이 동정심에서 자네들을 죽이기보다는 그냥 살려두었을 거라고도 생각했고. 하지만 수도사 친구, 내 딸은 자네가 멀쩡한 남자고 그것도 타히티 남자 못지않게 건강한 남자라고 하더구먼. 그리고 자네의 계속된 애무가 아무 결실 없이 끝나진 않을 거라고도 했고. 이제 난 자네가 어제 저녁 왜 그렇게 하늘에 대고 "내 종교, 내 신분"

하면서 외쳤는지 알 거 같아. 그럼 법관들이 자네들에게 주는 총애와 존경의 동기를 내게 가르쳐주겠나?

사제 : 몰라.

오루 : 적어도 자넨 왜 남자면서 자발적으로 남자가 아니게 된 건지는 알겠지?

사제 : 그걸 자네한테 설명하기란 너무 길고 어려워.

오루 : 그런데 자식 안 낳는다는 이런 서약을 수도사가 잘 지키나?

사제 : 아니.

오루 : 그럴 줄 알았지. 자네들한텐 여자 수도사들도 있나?

사제 : 응.

오루 : 남자 수도사들만큼 현명한가?

사제 : 더욱 폐쇄된 생활을 하는 그녀들은 고통으로 메말라가고 권태로 죽어가지.[13]

오루 : 자연 모독이 복수를 당한 거야. 오! 고약한 나라 같으니! 만약 자네가 내게 말한 것처럼 모든 게 그렇게 통제되어 있다면 자네들은 우리보다 더 야만스럽네.

그 착한 사제는 그날 남은 시간을 섬 곳곳을 돌아다니

---

13 디드로의 소설 『수녀』의 주제다.

며 천막들을 방문하는 일로 보냈고, 저녁이 되자 밥을 먹었고, 그 후 세 딸들의 부모가 그에게 둘째 딸 팔리와 동침할 것을 요청했고, 팔리는 티아처럼 알몸으로 나타났고, 밤에 몇 번이고 그는 "하지만 내 종교, 하지만 내 신분!"이라고 외쳤고, 세번째 밤엔 큰딸 아스토와 보내며 똑같은 회한으로 동요되었고, 네번째 밤엔 집주인의 부인과 예의상 함께했다.

5
A, B의 대화 계속

A : 이 예의 바른 사제가 존경스럽군요.

B : 저한테는 타히티 풍속들과 오루의 연설이 훨씬 더 그렇게 보이는데요.

A : 약간 유럽식으로 만들어지긴 했지만.

B : 저도 그 점을 의심치 않아요.

"여기서 그 착한 사제는 그가 타히티에 체류한 기간이 짧아서, 스스로 평범함에 머무를 만큼 현명하고, 그토록 오랜 나태를 보장해주었던 비옥한 기후 속에서 살 만큼 행복하고, 생활의 절대적 필요로부터 보호되어 살아온 만큼 활동적이고, 그 무구함과 휴식과 지복으로 인해 지식들의 너무 빠른 발전을 걱정하지 않을 만큼 게으른 민족의 풍습을 더 잘 알기엔 어려움이 있었다고 아쉬워하고 있다. 거기서는 어떤 것도 여론이나 법 때문에 악한 것이 아니라 자연 때문에 악할 뿐이다. 거기서 노동과 수확은 공공의 것이다. 사유재산이란 단어의 사용은 매우 제한되어 있다. 사랑의 정열은 단순한 육체적 취향으로 환원되고 우리의 무질서와 같은 것을 조금도 만들어내지 않는다. 섬 전체는 하나의 대가족의 이미지를 준다. 거기서 각각의 천막은 우리의 커다란 저택들 중 한 채 안의 여러 칸들을 대신한다. 그는 마지막으로 타히티 사람들은 늘 자신의 기억 속에 존재할 것이며, 사제복을 배에 던져버리고 그들 속에서 여생을 보낼까도 생각했고 그렇게 하지 않은 것을 두고두고 후회할까 염려된다고 말하면서 글을 끝내고 있다."

A : 이런 찬사에도 불구하고, 과연 미개 민족의 기이한 풍속과 관습들로부터 우리가 대체 어떤 쓸모 있는 교훈을 얻을 수 있을까요?

B : 물리적 원인들, 예컨대 거친 땅을 개간할 필요성 같은 게 인간의 지혜를 작동시키고, 여기서 얻은 증산은 그를 목적 이상으로 끌고 갑니다. 필요 이상을 얻으면 인간은 더이상 추스를 수 없는 끝없는 공상의 바다 속으로 나아가게 되지요. 행복한 타히티인들은 그냥 그대로에 머물 수 있기를! 저는 우리 지구의 이 외진 곳을 제외하고는 풍속이 없고 아마 다른 어디에도 결코 있을 수 없으리라 생각합니다.

A : 대체 당신은 풍속을 무어라 생각하고 계신지요.

B : 저는 그것을 좋든 나쁘든 법을 준수하는 행위, 법에 대한 일반적인 복종이라고 생각합니다. 법이 좋으면 풍속도 좋고 법이 나쁘면 풍속도 나쁩니다. 법이 좋든 나쁘든 지켜지지 않으면 그것은 사회의 가장 나쁜 상태입니다. 풍속이

없어지니까요. 그런데 법들이 서로 모순된다면 어떻게 이 법들이 준수되길 바라겠습니까? 고대와 현대, 여러 나라들의 긴긴 역사를 따라가보세요. 그러면 당신은 사람들이 자연법, 시민법, 종교법, 이 세 가지 법들에 복종하고 있음을 알게 될 것입니다. 이 세 가지 법들은 결코 일치되지 않아서 번갈아가며 어기게 되어 있지요. 바로 거기서부터, 오루가 우리 나라에 대해 예언했듯 한 나라에 인간도 시민도 종교인도 없는 그런 상태가 도래합니다.

A : 그로부터 당신은 사람들 사이에 실재하는 영원한 관계에 기초해서 도덕을 세운다면 종교의 규범이란 아마도 부수적인 것이며, 또 시민법이란 자연법을 말로 표현한 것에 지나지 않는다고 결론을 내리겠군요.

B : 선한 사람들보다는 악한 사람들을 더 늘리고 싶지 않다면.

A : 또는 이렇게 결론 내릴 테지요. 그 셋을 유지하는 게 필요하다 생각하더라도, 시민법과 종교법은 우리가 늘 마음 깊숙이 새겨서 갖고 다니고 늘 가장 강력하게 남아 있을 자연법의 엄격한 모사품들이어야 한다고 말이죠.

B : 그건 정확하지 않아요. 우리는 태어나면서부터 다른 이들과 똑같은 필요, 똑같은 쾌락에 대한 끌림, 똑같은 고통에 대한 공통된 혐오감처럼 유사한 성향을 갖고 있어요. 그것이 있는 그대로의 인간을 구성하며, 이에 따라 인간에게

적합한 도덕을 만들어야 하는 겁니다.

A : 그건 쉬운 일이 아니지요.

B : 그다지 어려울 것도 없어요. 지상에서 가장 원시적인 민족인 타히티 사람들이 그 어떤 문명화한 민족보다도 더 훌륭한 법에 가까울 자연법을 신중하게 지켜왔는걸요.

A : 그야 우리가 왔던 길을 되돌아가 잘못을 고치는 것보다는 그들이 원시 상태를 벗어나는 것이 더 쉽기 때문이지요.

B : 남녀의 결합과 관련되는 것이 특히 그렇죠.

A : 그럴 수도 있지요. 하지만 시초에서부터 다시 시작해봅시다. 솔직하게 자연이란 것에 물어봅시다. 그리고 자연의 대답을 편견 없이 바라봅시다.

B : 그러지요.

A : 결혼은 자연 안에 존재하나요?

B : 만약 한 여자가 다른 모든 남자들보다 어떤 한 남자를 더 좋아하는 것, 혹은 한 남자가 다른 모든 여자들보다 어떤 한 여자를 더 좋아하는 것으로 이해한다면, 이런 둘만의 배타적 사랑으로 비교적 지속적인 결합이 형성되고 또 개개인의 재생산으로 종이 이어지는 것으로 본다면, 결혼이란 자연 속에 있다고 하겠지요.

A : 제 생각도 당신과 같아요. 왜냐하면 이런 배타적 사랑은 인류한테서만이 아니라 다른 동물들에서도 발견되기

때문입니다. 봄에 우리 시골에서 수컷들이 암컷 하나를 똑같이 쫓아다니지만 오로지 한 마리만이 짝의 자리를 차지하는 게 그 증거입니다. 갈랑트리, 즉 환심을 사기 위한 행동이란?

B : 갈랑트리를 가장 부드럽고 가장 중요하고 가장 보편적인 향락으로 인도하는 편애를 얻기 위해 정열이 남녀에게 영감을 주는 정력적이고도 섬세한 여러 가지 수단으로 여긴다면, 자연스러운 일이지요.

A : 저도 그렇게 생각해요. 남성이 여성의 마음에 들기 위해서, 또 여성이 남성의 열정을 불러일으키고 배타적인 호감을 붙잡아두기 위해서 보여주는 다정함이 그 증거죠. 그럼 코케트리, 즉 교태란?

B : 그것은 아무 열정도 느끼지 않으면서 느끼는 척하고, 조금도 그렇지 않으면서 배타적 사랑을 약속하는 일종의 거짓말이죠. 그런 남자는 여자를 갖고 노는 거예요. 교태부리는 여자는 남자를 갖고 노는 거고요. 가끔씩 가장 불길한 사고를 일으키는 불성실한 장난이자 우스꽝스러운 술책이지요. 그런 짓을 하면 속이는 사람과 속는 사람이 똑같이 자신들 인생의 가장 값진 순간들을 잃게 되는 것이니 똑같이 벌을 받는 거죠.

A : 그러니까 교태란 당신 생각에 자연 안에 없는 거군요?

B : 그렇다고 말한 건 아니고요.

A : 그럼 지조란?

B : 그것에 대해서는 오루가 사제에게 말한 것보다 더 잘 말할 수가 없군요. 자기 자신을 잘 모르는 두 아이의 가련한 허영이죠. 한순간의 도취로 인해 자신들을 둘러싸고 있는 불안정함조차 보지 못하는.

A : 그럼 정절, 그 드문 현상은요?

B : 거의 언제나 우리 나라 신사 숙녀들이 스스로 고집하고 고문하는 것인데 타히티에선 한낱 공상이죠.

A : 질투는?

B : 상대를 잃어버릴까 봐 두려워하는 불쌍하고 탐욕스러운 동물의 열정이자, 인간에게도 보이는 옳지 못한 감정입니다. 우리의 잘못된 풍속들의 결과이며, 느끼고 생각하고 원하고 자유로운 대상인 인간에게까지 재산권을 행사한 결과입니다.

A : 그럼 질투는 당신 생각에 자연에 원래 있는 게 아닌가요?

B : 그렇게 말한 건 아니지요. 악덕과 덕은 모두 자연 안에 똑같이 존재하는 것이니까요.

A : 질투하는 사람은 음침하죠.

B : 독재자처럼. 왜냐하면 그도 그것을 의식하니까요.

A : 수치심은?

B : 당신은 아예 내가 여기서 연애 윤리 강의를 하게 만드는군요. 인간은 즐기고 있을 때 방해받거나 주의력이 분산되길 원치 않습니다. 사랑의 향락은 인간을 자기 적의 처분에 스스로를 내맡길지도 모를 허약함으로 이끕니다. 수치심에 자연적일 수 있는 게 있다면 바로 이것이지요. 그 나머지는 제도에 의한 것이고 — 사제는 제가 당신에게 읽어드리지 않은 세번째 글에서 말합니다. 타히티인은 딸들과 부인 옆에서 자기도 모르게 흥분된다 하여 낯을 붉히지 않으며 그녀들 또한 그것을 보고 가끔 흥분하지만 결코 당황하지 않는다고요. 여성이 남성의 사유재산이 되자마자, 또 은밀한 즐거움이 마치 도둑질처럼 여겨지게 되자마자 수치심이나 절제, 예의, 상상적인 덕과 악 등등의 단어들이 생겨났지요. 한마디로 말해 두 성 사이에 있는 장막들 말이지요. 이것들은 사람들로 하여금 자신들에게 강요되고 있는 법들을 위반하라고 서로를 부추기지 못하게 합니다. 하지만 자주 반대되는 결과를 낳고 오히려 그 때문에 상상력이 불타오르고 욕망이 생겨나지요. 궁 주변에 심어진 나무들처럼 어떤 여자가 목은 가리면서 가슴 부분은 드러내는 걸 보면요. 그런 것들은 마치 저한테 숲속으로 몰래 돌아가라고 하는 것 같아요. 옛날에 우리가 살던 곳에 있던 최초의 자유에 대한 호소를 일깨우는 듯도 하고요. 타히티 사람은 우리한테 말할 겁니다. 왜 숨기는 건데? 무엇 때문에 부끄러워하는

거지? 자연의 가장 존엄한 충동에 굴복할 때 네가 과연 잘못한 건가? 남자여, 원한다면 너를 솔직하게 드러내. 여자여, 그 남자가 맘에 들면 똑같이 솔직하게 그를 받아들여.

A : 화내지 마세요. 우리가 문명인처럼 시작해도 나중엔 타히티 사람같이 되지 않는 경우는 드물답니다.

B : 그래요. 하지만 이런 관습의 예비 절차들이 뛰어난 사람 인생의 절반을 소모시키지요.

A : 동의해요. 하지만 인간 정신의 도약이 해롭다고 당신이 조금 전에 반대했잖아요. 그것 때문에 그게 그만큼 지연된다 한들 무슨 상관인가요? 왜 남자들이 여자들 마음에 들려고 애를 쓰고 여자들은 남자들한테 그러지 않는지에 대한 질문을 받자, 우리 시대의 한 철학자는 상대방에게 언제나 맞춰줄 수 있는 존재에게 그것을 요구하는 게 자연스럽다고 대답했습니다.

B : 그런 이유는 언제나 견고하다기보다는 기발해 보입니다. 당신 말대로 외설스러운 자연은 막무가내로 한 성이 다른 성을 향하도록 몰고 갑니다. 상상할 수는 있지만 어디에도 존재할 수 없는 슬프고 원시적인 인간의 상태 속에서……

A : 타히티에도 없나요?

B : 없어요…… 한 남자를 한 여자로부터 떼어놓는 거리는 결국 더 사랑하는 자에 의해 극복됩니다. 그들이 서로

를 기다리다 멀리하고 따라다니다 멀어지고 공격하다 방어한다면, 열정의 행보가 고르지 않고 서로에게 똑같은 강도로 나타나지 않기 때문입니다. 한편에서는 관능이 가까스로 일어나기 시작할 때 다른 편에선 관능이 확 불붙었다 소진되어 꺼지고 말거나, 둘 다 그로 인해 불행해지는 일이 일어나지요. 이것이 바로 자유롭고 젊고 완전히 순진한 두 존재들 사이에 일어날 법한 일의 충실한 이미지입니다. 여성이 달콤한 순간이 지난 뒤 따라올 크고 작은 잔인한 과정들을 경험이나 교육을 통해 알고 있다면, 여성의 심장은 남성이 접근해올 때 떨게 됩니다. 그런데 남성의 심장은 떨지 않지요. 오히려 감각의 요구에 복종합니다. 여성의 감각들도 스스로를 주장하려 하지만 여성은 그 소리를 듣기 두려워합니다. 그녀의 두려움을 덜어주고 그녀를 도취시키고 유혹하는 것은 남성의 몫입니다. 남성은 여성을 향한 자연스러운 충동을 늘 유지합니다. 하지만 기하학자라면 남성을 향한 여성의 자연스러운 충동은 열정에 비례하고 두려움에 반비례한다고 말할 겁니다. 그 비율은 우리 사회 안에 있는 다양한 요소들 때문에 복잡해져 있습니다. 이 요소들은 한 성에게선 자꾸 소심함을 늘리고 다른 성에게서는 자꾸 더 오랫동안 쫓아다니게끔 하는 등 거의 전적으로 경쟁을 벌입니다. 그것은 일종의 전략으로서 거기서는 방어의 원천들과 공격의 수단들이 같은 길을 걷게 됩니다. 결국 사람들은 여성의 저항을 신성화시켰고 남성의 폭력은 불명예스러운 것으로 여기게 되었습니다. 폭력은 타히티에선 가벼운 모욕일 뿐이지만 우리의 도시들에선 하나의 범죄가 됩니다.

A : 그 목적이 그렇게 엄숙하고 자연이 가장 강력한 흡인력으로 우리를 초대하는 그런 행위, 쾌락들 중에서 가장 위대하고 부드럽고 무구한 행위가 어떻게 해서 우리의 타락과 불행의 가장 큰 원천이 된 걸까요?

B : 오루가 사제한테 그 이유를 열 번이나 말해주었지요. 그럼 다시 한번 듣고 이젠 좀 기억하도록 해보세요.

— 여성의 소유를 사유재산화한 남성의 독재 때문에.

— 혼인에 여러 조건을 달아놓은 풍속과 관습들 때문에.

— 결혼을 끝없는 형식에 복속시킨 시민법 때문에.

— 재산과 서열의 다양성으로, 기우는 결혼이니 맞는 결혼이니 제도화시킨 우리 사회의 본성 때문에.

— 아이의 출생은 늘 국부의 증대로 여겨지지만 가정에서는 자주, 그리고 확실히 더 가난하게 만드는 일로 여겨지는, 실재하는 모든 사회에 공통된 이상한 모순 때문에.

— 모든 것을 자신들의 이익과 안전으로 가져가는 군주들의 정치적 견해들 때문에.

— 아무 도덕성도 없는 행위들에 선과 악이란 이름들을 갖다 붙이는 종교 제도들 때문에.

우리는 얼마나 자연과 행복으로부터 멀어져 있는지! 자

연의 제국을 파괴할 수는 없습니다. 장애물들로 방해해봤자 소용없어요. 그것은 지속될 것입니다. 현명한 마르쿠스 아우렐리우스의 표현을 빌려, 두 개의 내장을 관능적으로 비벼대는 일도 하나의 범죄라고 청동 탁자들 위에다 마음껏 새겨 넣어보세요. 그래봤자 당신이 써 넣은 위협적인 문구와, 그들의 격렬한 성향 사이에서 인간의 마음만 구겨질걸요. 길들여지지 않는 마음은 끊임없이 요구할 겁니다. 삶의 여정 속에서 당신의 끔찍한 특성들이 백 번씩 우리 눈앞에서 사라질 겁니다. 대리석 위에 새겨보세요. 매도 독수리도 먹지 말라. 너는 부인만 알아야 한다. 너는 네 누이의 남편이어선 안 된다. 하지만 당신은 금기가 이상할수록 징벌이 늘어난다는 사실을 잊을 수 없을 것입니다. 당신이 아무리 잔혹하게 굴더라도 내게서 자연을 빼앗는 데는 성공하지 못할 겁니다.

A : 만약 사람들이 자연의 법에 국가의 법을 엄밀히 맞춘다면 국가의 법은 얼마나 줄어들까요! 인간은 얼마나 많은 덕과 오류들을 면하게 될까요!

B : 우리의 거의 모든 비참함에 대한 요약된 역사를 알고 싶으십니까? 바로 이겁니다. 자연인이 하나 있었습니다. 사람들은 이 사람 안에 인공인을 집어넣었지요. 이제 그 동굴 속에서는 평생 지속되는 전쟁이 일어났습니다. 어떨 땐 자연인이 더 강했지만 어떨 땐 도덕적이고 인공적인 인간에

의해 때려눕혀졌습니다. 그리고 이런저런 경우에서 슬픈 괴물은 찢어발겨지고 고문당하고 바퀴 밑에 깔렸습니다. 끊임없이 신음하고 불행해하면서 가짜 영광의 열기가 그를 열광시키고 도취시키겠지요. 잘못된 수치심이 그를 굴복시키고 때려눕힐 것입니다. 하지만 인간을 그 최초의 단순성으로 되돌려주는 극단적인 상황들 또한 있기 마련이지요.

A : 가난과 질병, 이 둘은 위대한 퇴마사들이라 할 만합니다.

B : 이름을 붙여주셨네요. 사실 그럴 때 인습적 덕들이란 게 무슨 의미가 있겠어요? 남자는 가난 속에 처했을 때 회한이 없고, 여성은 아플 때 부끄러움이 없습니다.

A : 저도 보았습니다.

B : 하지만 더더욱 당신을 피해갈 수 없을 다른 현상도 있지요. 즉 인공적이고 도덕적인 인간이 병중의 상태에서 회복 상태로, 회복 상태에서 건강한 상태로 넘어가는 진행을 차차로 따른다는 것입니다. 병약한 상태가 끝나는 순간 바로 내부의 전쟁이 다시 시작되고, 그것은 거의 언제나 그 불청객에게 불리하게 작용하지요.

A : 사실입니다. 회복기에 있는 자연인이 인공적이고 도덕적인 인간에게 치명적인 힘을 행사하는 걸 저 또한 경험했습니다. 하여간 마지막으로 말씀해주세요. 인간을 문명화시켜야 할까요, 아니면 그의 본능에 내맡겨야 할까요?

B : 딱 잘라 대답해야 하나요?

A : 물론이죠.

B : 만약 당신이 그의 독재자가 되고자 한다면 그를 문명화시키세요. 그에게 최선을 다해 자연에 반대되는 도덕을 주입하세요. 그에게 모든 종류의 족쇄들을 채우세요. 수천 가지 장애물을 움직여 그를 교란시키세요. 유령들을 그에게 들이대 겁을 주세요. 동굴 속에서 전쟁을 계속하게 하고 거기서 자연인이 늘 도덕적 인간의 발아래 예속되어 있게 하세요. 그가 행복하고 자연스럽길 바라나요? 그의 일에 끼어들지 마세요. 너무나 많은 우발적인 사건들이 그를 빛의 세계로 혹은 타락으로 이끌 것입니다. 현명한 입법자들이 지금의 당신을 만들었다면 그것은 당신을 위한 게 아니라 그들 자신을 위한 것이라는 점을 언제까지나 명심하세요. 저는 모든 정치적, 시민적, 종교적 제도들에 이의를 제기합니다. 그것들을 잘 조사해보세요. 제가 아주 틀린 게 아니라면 당신은 수세기에 걸쳐 일군의 사기꾼들이 씌운 굴레 아래 인류가 복종해왔다는 사실을 보게 될 것입니다. 명령을 내리는 사람을 무시하세요. 명령한다는 것은 늘 다른 사람들을 귀찮게 함으로써 그들의 주인이 되고자 하는 행동입니다. 아마도 칼라브리아 사람들은 입법자들의 꼬임에 아직 조금도 넘어가지 않은 거의 유일한 사람들일걸요.[14]

A : 칼라브리아의 무정부 상태가 당신 맘에 든다고요?

B : 저는 경험에 호소하고 있는 겁니다. 저는 그들의 야만성이 우리의 문명보다는 덜 해롭다고 장담할 수 있습니다. 여기서는 작은 범죄들이 많은데, 문명사회에서 그토록 많은 소동을 일으키는 커다란 범죄들의 잔인성을 그것들이 대신하지요! 비문명인들은 흩어져 따로 떨어져 있는 태엽들로 보입니다. 아마 태엽들이 서로 부딪히게 된다면 어느 한쪽, 아니면 둘 다 모두 망가지는 사태가 벌어졌겠죠. 이런 사태를 피하기 위해, 깊은 예지나 숭고한 재능을 가진 한 개인이 이런 태엽들을 모아서 하나의 기계를 만들었습니다. '사회'라고 불릴 법한 이 기계 안에서 모든 태엽들은 서로 지치지 않고 작용 반작용을 했지요. 그것들은 자연의 무정부 상태 아래서는 1년이 가도 깨지지 않았을 텐데 입법 상태하에서는 하루 안에 깨지고 말았습니다. 도대체 무슨 소동이고, 무슨 재난인가요! 이 거대한 기계들이 둘, 셋, 넷 격렬하게 부딪히게 될 때, 작은 태엽들은 또 얼마나 어마어마하게 파괴되겠습니까!

A : 그러니까 당신은 야생적인 원시 자연 상태를 더 좋아하시는 거군요?

B : 솔직히 말해, 감히 그렇다고는 못 하겠어요. 하지만

---

14 당시 이탈리아 남서부 칼라브리아 지방은 도둑이 많기로 유명했으며 유럽에서 문명화되지 않은 유일한 땅으로 치부되었다.

저는 도시에 사는 사람이 옷을 벗고 숲속으로 들어가는 것은 여러 번 보았지만 숲에 살던 사람이 옷을 차려입고 도시에 정착하는 것은 본 적이 없군요.

A : 제겐 선악의 총합이 각자 다르다는 생각이 종종 들어요. 하지만 어떤 동물 종의 행복이나 불행에도 뛰어넘을 수 없는 한계가 있다는 생각도 듭니다. 아마도 우리가 하는 노력들은 최종적으로 우리에게 이익만큼이나 불편함을 가져다줄 수 있지요. 우리는 둘 사이에 영원하고 필연적인 등식이 존재하는 방정식의 양변을 늘리느라 매우 고통받아온 거죠. 하지만 저는 문명인의 평균 수명이 원시인의 평균 수명보다 더 길지 않다는 사실을 의심치 않습니다.

B : 하지만 만약 한 기계의 수명이 그것의 노동 강도를 재는 정확한 척도가 아니라면 당신은 어떤 결론을 내리겠나요?

A : 모든 점을 고려해볼 때, 당신은 인간이 더 문명화될수록 악하고 불행해진다는 쪽으로 생각이 기우시는 것 같군요.

B : 제가 세상의 모든 곳들을 돌아다녀볼 순 없을 겁니다. 다만 알려드리겠어요. 당신은 행복한 인간의 조건을 타히티에서밖에는 발견하지 못할 것이고, 또한 견딜 만한 인간 조건을 유럽의 한 구석에서밖에는 발견하지 못할 것이라고요. 그곳에서는, 자신들의 안녕을 염려하는 음울한 지도자

들이 사람들을 이른바 우둔함 속에 잡아두고자 골몰하고 있지요.

A : 아마도 베네치아 말씀이시죠?

B : 왜 아니겠습니까? 당신은 베네치아만큼 계몽되지 않았고 또한 인위적인 도덕이 적고, 그런 만큼 공상적인 악덕과 덕이 적은 곳이 그 어디에도 없다는 점을 부인하지 않겠지요.

A : 제가 이 정부를 찬양하리라곤 기대하지 않았는데요.

B : 저도 찬양한 건 아닙니다. 다만 당신께 예속이 주는 보상을 직시하게 해드린 것뿐이지요. 모든 여행자들이 느끼고 찬양했던 바와 같이요.

A : 가엾은 보상이군요!

B : 아마도. 그리스 사람들은 헤르메스의 리라에다 현하나를 더했던 사람을 추방했잖아요.

A : 하지만 이런 금지야말로 자신들의 첫번째 입법자들에 대한 피맺힌 풍자입니다. 끊어야 했던 건 첫번째 현인데요.

B : 제 말을 이해하셨군요. 리라가 있는 곳에 어디고 현이 있습니다. 자연의 취향에 기교가 더해질수록 못된 여자에게나 기대게 될 겁니다.

A : 레이메르 같은.

B : 잔인한 남자들도.

A : 가르데유 같은.

B : 아무것도 아닌 것을 위해 불행해진 사람들도.

A : 타니에, 드라쇼 양, 데로슈 기사, 드라카를리에르 부인 같은. 타히티에서 두 사람이 빠진 타락과 나머지 세 사람이 처했던 불행의 사례들을 찾아봤자 소용없을 게 틀림없습니다. 그럼 우리는 무엇을 할까요? 자연으로 돌아갈까요? 그래도 법에 복종할까요?

B : 우리는 불합리한 법들이 고쳐질 때까지 그것에 맞서서 말할 겁니다. 하지만 기다리는 동안에는 그것들에 복종할 겁니다. 개인적 권위에 입각해 악법을 위반하는 사람은 다른 사람들이 좋은 법을 위반하는 일마저 정당화하니까요. 미치광이들과 함께 있을 때는 혼자 현명한 것보다는 같이 미치는 게 덜 불편합니다. 사람들이 그 자체론 무구한 행위들에 모욕과 징벌과 수치를 덧씌우고 있다고 말하고 끊임없이 외치세요. 하지만 모욕과 징벌과 수치를 주는 일을 범하지는 마세요. 왜냐하면 이런 모욕과 징벌과 수치는 모든 고통 중에서 가장 큰 거니까요. 프랑스에서는 수도사, 타히티에서는 원시인이었던 그 착한 사제를 따라 하세요.

A : 가는 나라의 겉옷을 걸치되 원래 있던 나라의 그것은 간직하라.

B : 약한 존재들에게 소심할 정도로까지 정직하고 진지해지세요. 그들은 사회에서 가장 소중하게 여기는 이익을

포기하지 않고는 우리를 행복하게 해줄 수 없는 존재들입니다. 그런데 그 짙은 안개는 어떻게 되었지요?

A : 다시 내려왔군요.

B : 아직 자유 시간이 남아 있는데, 오늘 오후 식사 후에 외출할까요, 그냥 있을까요?

A : 제 생각에 그건 우리보다는 어쩨 여자들한테 달린 일일 텐데요.

B : 항상 여자들! 길에서도 여자들을 만나지 않고는 한 발자국도 나갈 수 없겠죠.

A : 우리가 여자들에게 사제와 오루의 대화를 읽어준다면?

B : 당신 생각에 그녀들이 뭐라고 말할 것 같습니까?

A : 모르겠는걸요.

B : 그럼 그에 대해 어떻게 생각할까요?

A : 아마 말하는 것과는 정반대로.

다음은 이 책의 주제와 관련하여 디드로의 여러 텍스트들에서 발췌한 것이다.

연인들에게서 정절을 면제한다면 탕아들만 남을 것이다. 우리는 더 이상 모든 여자가 모든 남자에 속하고 모든 남자가 모든 여자에 속하는 원시 자연 상태 속에 살지 않는다. 우리의 기능들은 완성되었다. 우리는 훨씬 섬세하게 느끼고, 정의와 부정의에 대한 보다 발전된 관념을 갖고 있다. 양심의 목소리는 깨어났다. 우리는 우리 사이에 끝없이 다양한 약속들을 체결하고 있다. 〔……〕 수세기에 걸쳐 만들어진 구별들을 우리가 없애버려야 할까? 태초의 순수성이란 어리석음으로 인간을 다시 데려다 놓아야 할까? 후회 없이 그를 자신의 다양한 충동에 내동댕이치기 위해서? 〔……〕 동물만을 낳았던 야만의 시절을 그리워해야 할까? ─『백과전서』, '부정'에서 영혼을 가진 사람들이여, 말해보라. 자연이 우리의 욕망에다 여러 방면에서 준 것들 중에서 이것보다 더 우리가 추구할 만한 것이 있을까? 당신들처럼 생각하고 느끼고, 같은 관념을 갖고, 같은 열기를 느끼고, 같은 열정을 갖고, 자신들의 부드럽고 섬세한 팔을 당신들의 팔 쪽으로 뻗는 존재, 〔……〕 그들의 애무가 당신들 중 하나를 닮을 새로운 인간의 현존으로 이어질 그런 존재의 소유나 향유만큼 우리를 즐겁게 할 수 있는 소유와 향유가 또 있을까? 〔……〕 어떤 희미하고 우울한 불안이 그 순간을 그들한테 일러준다. 그들은 고통과 기쁨으로 뒤섞인 상태가 된다. 바로 그때 그들은 자신들의 감각에 귀 기울이게 되고 자신들에게 깊은 주의를 기울이게 된다. 한편 개인이 같은 종이되 성이 다른 개인 앞에 놓이면 다른 욕구는 정지된다. 심장이 뛰고 팔다리가 떨린다. 관능적인 이미지들이 머릿속을 떠다닌다. 정신의 격류가 신경 속을 흐르고 그것들을 교란시키고, 새로 나타나 고통을 주는 감각에 자리를 넘기게 된다. 시각은 혼란스러워지고 착란이 생겨난다. 본능의 노예인 이성은 본능을 섬길 수 있을 뿐이고, 본성은 충족된다. ──『백과전서』, '향락'에서

파기할 수 없는 결혼 서약은 배필들만큼이나 불우한

사람들 수를 늘리고 또 그럴 수밖에 없게 되어 있습니다. 신에 대한 믿음이 신자들과 마찬가지로 광신자들을 만들어내고 또 그럴 수밖에 없습니다. 신을 받아들이는 어디서나 종교 예식이 있고, 종교 예식이 있는 어디서나 도덕적 의무에 대한 자연적 질서는 뒤집히고 윤리는 썩어 들어가지요. 조만간, 한 푼을 훔치는 걸 막으려는 생각이 수많은 사람들을 죽이는 때가 옵니다. ─『소피 볼랑에게 보내는 편지』에서

내 생각에 이런 이상한 계율들은 자연에 위배되고 이성에도 반하는 듯해. 〔……〕 또한 느끼고 생각하고 자유로운 한 사람이 자기와 비슷한 다른 사람의 소유물이 될 수 있다고 여기기 때문에라도 반자연적이야. 도대체 그런 권리가 어디에서 나오지? 자네 나라에서는 감성과 사고와 욕망과 의지가 없어서 버리든 취하든 간직하든 교환하든 고통을 느끼지도 불평을 해대지도 않는 것과, 결코 교환될 수도 소유될 수도 없으며 자유와 의지와 욕망을 지니고 잠시 증여될 수 있는 것이 아니라 주면 영원히 주고 거부하면 영원히 거부하는, 즉 그 특성을 잊지 않고 자연에 해를 끼치지 않는 한 어떤 거래의 결과가 될 수 없는 존재를 혼동하고 있다는 걸 모르겠나? 그건 존재의 보편 법칙에 위배되는 걸세. ─『부갱

빌 여행기 부록 혹은 A와 B의 대화』에서

은밀한 즐거움이 마치 도둑질처럼 여겨지게 되자마
자 수치심이나 절제, 예의, 상상적인 덕과 악 등등의 단
어들이 생겨났지요. 한마디로 말해 두 성 사이에 있는
장막들 말이지요. 이것들은 사람들로 하여금 자신들에
게 강요되고 있는 법들을 위반하라고 서로를 부추기지
못하게 합니다. 하지만 자주 반대되는 결과를 낳고 오
히려 그 때문에 상상력이 불타오르고 욕망이 생겨나지
요. ─『부갱빌 여행기 부록 혹은 A와 B의 대화』에서

쾌락들 중에서 가장 위대하고 부드럽고 무구한 행위가
어떻게 해서 우리의 타락과 불행의 가장 큰 원천이 된
걸까요?
─재산과 서열의 다양성으로, 기우는 결혼이니 맞는
결혼이니 제도화시킨 우리 사회의 본성 때문에.
─아이의 출생은 늘 국부의 증대로 여겨지지만 가정에
서는 자주, 그리고 확실히 더 가난하게 만드는 일로 여겨
지는, 실재하는 모든 사회에 공통된 이상한 모순 때문에.
─모든 것을 자신들의 이익과 안전으로 가져가는 군주
들의 정치적 견해들 때문에.
─아무 도덕성도 없는 행위들에 선과 악이란 이름들을

갖다 붙이는 종교 제도들 때문에. —『부갱빌 여행기 부록 혹은 A와 B의 대화』에서

원시인이 여성에게 가하지 못하는 모욕도 없다. 여성은 도시에서 불행하고 깊은 숲속에서는 더 불행하다. —「여성에 대하여」에서

인간 본성에 반하는 모든 철학은 부조리하며 사회의 안녕을 위해서 시민이 계속 자신의 취향과 행복을 희생시켜야 하는 모든 법제도 그러하다. 나는 사회가 행복하길 원한다. 그런데 행복해지는 방법은 사람마다 각각이다. 우리 자신의 행복이 우리의 그 모든 실제적 의무의 기초다. —『나카즈-러시아 제도들에 대한 관찰』에서

얼마 전부터 지구 깊숙한 곳까지 가본 몇몇 탐험가들은 거기서 작고 야만스러운 나라들을 발견했다. 어디서고 그들은 여성 억압과, 인구 증가를 막는 미신과, 가정의 파괴에 의해서만 잠재워지는 증오와, 집단 이주, 노인과 병자들에 대한 차마 눈 뜨고 볼 수 없는 유기들을 보았다. 수백 가지 다른 무질서로 된 날것 그대로의 자연은 너무도 자주 끔찍한 그림을 제공한다. —『두 인도의 역사』에서

옮긴이의 말

디드로의 여성, 사랑, 결혼

들어가며

드니 디드로는 18세기 프랑스 계몽사상가, 자연철학자, 예술 이론가, 극작가, 소설가이다. 지금처럼 학문 분화가 이루어지지 않은 시대여서 가능하였다 하더라도 그는 당시로서도 매우 전방위적인 지식인이었다. 그는 무엇보다 『백과전서』[1]의 책임 편집자로 유명하다. 원래 번역가로서 문필가의 여정을 시작한 그는 『그리스사』 『의학 사전』 등의 번역에 이어 영국 체임버스의 『백과사전』을 의뢰받았다. 그러나 이를 곧 포기하고 아예 당시 프랑스 지식인들을 그러모아 다시 쓰기로 하면서 20년에 걸쳐 책임 편집하였고 직접 여러 항목을 쓰기도 했다. 수많은 철학적·정치학적 에세이를 썼고 수년에 걸쳐 『살롱』을 쓰면서 프랑스 미술비평의 효시가 되었으며 「가장」 「사생아」 등 일명 부르주아 희극을 쓰

---

1 프랑스의 『백과전서 *Encyclopédie*』와 구별하기 위해 『백과사전 *Cyclopædia*』으로 표기하였다.

면서 연극에 대한 미학적 에세이도 여럿 썼다. 또한『경솔한 보석』『수녀』『라모의 조카』『운명론자 자크』등 독특한 형식으로 된 소설들의 작가이기도 했다.

특히 소설가로서의 그는 20세기 들어와 뒤늦게 주목받게 되었다. 그것은『라모의 조카』처럼 아예 출판을 안 하고 계속 고치기만 하다가 사후에 뒤늦게 수고본이 발견되는 등의 곡절 탓이기도 하지만, 너무나 난해하고 어느 장르에 넣어 설명하기 어려울 정도로 특이하고 복잡한 서술 양식 때문이기도 하다. 그의 소설들에는 잦은 일탈과 딴소리, 이야기 속에 이야기가 들어가는 액자 구조가 빈번히 나타나서 몰입을 몹시 방해하고 그럼으로써 한 가지만을 진리라 우기는 단선적 사고방식을 조롱하곤 하는데, 오히려 그래서 현대에 들어와 '18세기의 누보로망'이란 별명을 얻기도 했다.

이는『백과전서』의 책임 편집자로서의 그가 공식적으로 표출하지 못했던 계몽사상의 한계들에 대한 자기 반성적 글쓰기의 소산으로 널리 해석되기도 한다. 실제로 그는 자신의 딜레마를 이른바 철학적 대화의 형식 아래서 풀어내곤 했으며 여기 번역한 일명 성, 사랑, 결혼에 관한 3부작, 즉「이것은 콩트가 아니다」「드라카를리에르 부인」, 그리고『부갱빌 여행기 부록 혹은 A와 B의 대화』(이하『부갱빌 여행기 부록』)도 마찬가지다. 두 사람에게 첨예하게 부딪히는 주제에 대한 각각의 입장을 나누어 말하게 함으로써 진리가 솟아 나오는 과정을 보여주는 그의 대화체 글쓰기의 특징은 『라모의 조카』와 『운명론자 자크』에서 가장 잘 드러나지만 성, 사랑, 결혼에 관한 3부작을 통해서도 그 흔적을 찾아볼 수 있다.

여기 번역하는 텍스트들은 디드로가 노년에 접어들던 1772년과 1773년경에 쓰고 여러 번 고쳐 썼던 에세이와 소설들 중에서 특히 여성과 사랑, 결혼의 주제를 다룬 것이다. 사실 디드로는 평생 이 주제에 대한 수많은 글을 썼는데 여느 글쓰기가 그러하듯이 그는 개인적 이유에서 시작된 지적 탐구를 보다 보편적인 철학적·윤리적 탐구로 이어간다.

디드로 사상에서 성과 사랑의 주제가 갖는 중요성

저작 활동의 초기부터 디드로는 성과 사랑, 그에 따른 욕망의 지속과 변심 등등의 문제를 주요 주제로 삼았다. 그는 자기 자신 안에 있는 변화의 성향에 늘 민감했고, 이것은 늘 그의 철학의 주요 관심사로 나타났다. 감각적 즐거움을 깊이 인정하고 그것의 자연스러움을 주장하는 한편, 육체적 사랑의 메커니즘을 표현하길 즐겼던 면모는 그의 수많은 글들에 묻어난다. 당대 지식인 사회에 대한 날카로운 풍자소설 『라모의 조카』에서도 철학자 '나'는 "아름다운 여성을 바라보고, 손으로 가슴의 곡선과 탄력을 느끼고, 그 입술에 내

입술을 누르고, 그 시선에서 관능을 길어내고 그 팔에 안겨 관능을 토해내길 좋아한다"라고 고백한 바 있으며,『운명론자 자크』에 나오는 자크와 다른 인물들의 성적 체험 또한 모두 젊고 건강하고 억제되지 않았던 디드로의 젊은 날을 반영한다고 보는 견해가 지배적이다.

이러한 특징은 그가 살았던 18세기 프랑스 사회 자체가 엄청나게 사랑과 연애에 사회적 에너지를 쏟고 있기 때문이기도 했다. 루이 14세의 중앙집권적 궁정 문화가 쇠퇴하고 귀족과 부르주아지의 살롱 문화가 만개하면서 로코코 시대가 열리는데 바토, 부셰, 프라고나르의 그림들이나 라클로의『위험한 관계』등을 보면 그 시대의 성 풍속도의 일단을 유추할 수 있을 것이다. 또한 18세기에 이르러 오세아니아 지방의 섬들이 속속 발견되면서 태초의 자연인의 흔적을 간직한 듯한 원주민들의 혼음 풍속에 대한 이야기들이 다소 과장되어 퍼져 있었다. 그곳 역시 나름의 사회적 위계가 공고하며 자연적 조건에서 약자인 이들에게 잔인하고 억압적인 만큼, 결코 이상향이 아니었지만 유럽인들은 그곳에서 보고 싶은 것만을 보고 싶어 했고 자신들이 고대로부터 갖고 있던 성의 파라다이스라는 이상이 눈앞에 실현된 것처럼 보고자 했다. 이를 빗대 문명사회의 온갖 규율과 격식들을 벗어난 자유로운 성관계가 인간 본성에 충실한 것이라고 이상화시키고 싶어 하는 분위기도 팽배했다.

한편 유럽의 18세기는 자연과학과 의학의 발달로 인간의 신체에 대한 지식이 폭발적으로 늘어났고, 그때까지 부족한 인간l'homme manqué, 남성에 부수되는 것으로 여겨지던 여성 나름의 육체와 생리적 특징에 대한 관심이 증대된 시기이기도 했다. 또한 농업을 부의 원천으로 보고 농업의 핵심 요소로서 땅에 이어 인간 노동을 꼽았던 중농주의의 영향을 받아 인간의 재생산, 즉 출산을 담당하는 여성의 역할이 더욱 주목받게 되었다. 아무리 그것이 한계를 노정한 것이었다 하더라도, 이런 인식은 여성의 악마적인 이미지를 강조하곤 하던 고대로부터의 미신적이고 종교적인 생각들을 현저히 줄이고 여성의 신체적 특징과 사회적 조건에서 비롯된 행동 양식의 특성에 대한 관심을 갖게 한 것도 사실이었다.

디드로는 이러한 시대적 분위기와 학문적 성과들을 흡수하면서 자신의 글쓰기를 철학과 행동윤리가 부딪히는 자리로 만들어간다. 추상적인 도덕성보다는 구체적 삶과의 관계 속에서 유물론에 정초한 실제적 도덕을 찾고 싶어 했던 그에게 사실 사랑과 성의 주제는 매우 핵심적인 주제가 될 수밖에 없었다. 새삼 말할 것도 없이 그것은 육체와 정신, 개인과 사회의 욕망과 충족과 금기의 관습 체계, 그 모든 것들이 어우러지는 자리이기 때문이다. 성이란 분명 도덕 이전에 존재하는 어쩌면 순전히 육체적인 행위이면서 개인들간의 아주 내밀한 체험이 공유되는 자리이고 나아가 종의 연속성을 보장받는 중요한 행위이기도 하다. 그것은 극히 개인적이면서도 동시에 삶의 공적·사적 측면들이 부딪히고 엮이는 매듭이면서 동시에 권력과 예종의 관계가 가장 극명하게 나타나는 자리이기도 하다.

어쩌면 그는 프로이트 훨씬 이전에 인간 행동의 근원에 있는 성적인 동기에 대해 누구보다도 지속적인 관심을 갖고 그것이 개인과 사회에 끼치는 긍정적이거나 부정적인 영향들을 외재화시켜보고자 했던 사람이라 할 만하다. 사실 욕망의 자유, 성적 쾌락의 충족 등등의 문제들은 그 전 시대 철학자들의 논의에 이렇게 노골적으로 등장하지는 못했다. 그러나 계몽의 시대, 모든 것을 빛 앞에 드러내길 원했던 시대였기에 성이란 주제는 이렇게 해서 인간 본성의 가장 중요한 부분으로 조명되기에 이른다.

그러나 문제는 간단하지 않았다. 그는 원래 당대 구체제를 공고히 받치고 있으면서 사회 진보를 막고 있는 강력한 축으로 여겨지던 기독교 사상을 혁파하기 위한 사상적 무기로서 무신론을 발전시켰고, 무신론의 인식론적 근거로서 유물론 철학을 정련시켜나갔다. 그의 유물론 철학에서 핵심이 되는 것은 만물의 끊임없는 유동이며 의식도 이 끊임없는 물질 운동의 결과라 설명된다. 성행위가 물질 운동에 기반한 자연적 행동임은 말할 것도 없거니와, 사랑이란 관념도 물질 운동의 소산으로 인식된다면 성직자들의 독신 규율은 반자연적일뿐더러 일반 사회 남녀 간의 사랑에서 변심은 당연한 것이 되고 변치 않는 사랑의 약속을 강제하는 결혼 서약이라든가 정절과 지조의 요구는 반자연적인 것으로 치부될 수밖에 없다. 그러나 현실에서는 꼭 그렇게 말할 수 없는 복잡한 영역이 존재한다는 것을 그는 누구보다도 잘 알고 있었다. 저마다 자유로운 성관계를 그리워하고 온갖 교태와 구애의 스킬들이 연마되는 한편에 젊은 여성에게 특히 요구되는 순결과 결혼 제도의 규칙들은 엄연히 존재하였다. 유물론자로서의 그와, 공동체의 행복과 미덕의 증진을 추구하는 계몽사상가로서의 그는 여기서 갈등한다. 자연철학자로서의 그는 세상 만물과 더불어 사랑과 성도 유물론적으로 해석 가능하다 여기면서 성에 대한 그 모든 구속들에 의문을 제기하지만, 모럴리스트 디드로는 이성에 기반한 덕의 추구를 포기할 수 없었다.

여기 번역한 글들은 바로 이 둘 간의 긴장 앞에 선 디드로의 갈등을 보여준다. 디드로는 성이 인간 행복의 근원을 제공하기도 하지만 수많은 심리적·사회적 제약과 굴레를 통해 가장 큰 불행을 안겨주기도 한다는 점, 특히 성적 행동이나 반응에서 여성과 남성이 보여주는 양상이 많이 다르다는 점에 우선 주목한다. 왜 사회 속에서 남성보다 여성에게 특히 성적 억압이 행사되었는가? 왜 많은 사회 속에서 성적

순결과 무지가 유독 여성에게 강요되었는가? 왜 많은 경우 성과 사랑의 문제는 여성에게서 더 치명적인 결과를 초래하는가? 정절과 지조의 이데올로기 속에 갇힌 여성들에게서 나타나는 부작용은 무엇인가? 왜 여성들은 그다지 사랑에 목숨을 걸고 사랑의 변심 앞에서 자신을 파멸시킬 정도로까지 비탄과 복수심에 빠져드는가? 그러면서도 끊임없이 여성들은 교태와 수치심으로 감싼 채 성적인 무지를 남성들로부터 권력을 나눠 받을 수 있는 유일한 통로로로 이용하는가?

작품 배경과 논점들
―「여성에 대하여」

디드로는 장 토마의 「여성에 관한 소고」(원제는 「여러 세기 여성의 성격과 풍속과 정신에 대한 에세이」)에 대한 서평 형식으로 이 글을 썼다가 여러 번 고치면서 확대시킨다. 1772년 4월에 처음 『문학 통신』에 싣고 이어 그해 7월과 1777년에 더 증보해 실은 뒤에도 계속 고쳤으며 1780년에는 레이날 신부가 출간한 『두 인도의 역사』에서 자신이 썼던 부분들을 여기에 첨부하였다. 어쩌면 루소의 『인간 불평등 기원론』과 짝을 이루는 '여성 불평등 기원론'을 짧게나마 시도해보았다고도 볼 수 있겠는데, 여기서 디드로 글쓰기의 특징인 대화 형식은 나타나지 않지만 이 에피소드, 저

에피소드가 삽입되고 복잡한 서술 양식을 띠는 모습은 여전하다.

어쩌면 「여성에 대하여」는 뒤에 나올 3부작 콩트들에 대한 시론이라고도 할 만한 글로서 디드로의 여성관을 비교적 직접적으로 파악할 수 있게 해준다. 여기서 그는 우선 여성이 처한 운명과 삶에 대한 연민 넘치고 격정적인 텍스트를 만들어간다. 특히 당대의 생물학과 의학 지식을 활용하여 여성의 히스테리와 독실한 신앙과의 관계, 여성에게서 더욱 많이 나타나는 우울증과 여타 여러 병적 증상들을 세밀히 관찰하고 묘사한다. 여성의 신체적 나약함이나 심약함에 따른 부모에 대한 의존, 이와 대조되는 사랑에 대한 몰입과 헌신, 평판에 대한 두려움, 수치심과 질투, 모성애나 미신 숭배, 잔인한 복수 등등에 대해 묘사하면서 이것이 생리학적 특징과 더불어 사회적 제약에서 비롯되는 것임을 밝힌다. 뒤로 갈수록, 특히 『두 인도의 역사』에 본인이 기고했던 부분들을 나중에 끌어와 덧붙이면서 당대 프랑스 귀족 사회의 성적 방종과 무책임함에 대해 질타하고 있는데 자신의 유물론적 성에 대한 속류적인 해석이 초래할 수도 있는 부작용을 경계하고 있다고 보인다.

—성, 사랑, 결혼에 관한 3부작「이것은 콩트가 아니다」「드라카를리에르 부인」『부갱빌 여행기 부록』

1773년 봄, 디드로는 『문학 통신』에 「이것은 콩트가 아니다」와 두번째 콩트 「드라카를리에르 부인」을 발표하였고 그해 가을부터 이듬해 봄까지 『부갱빌 여행기 부록』을 총 4회에 걸쳐 '디드로 씨의 콩트들 속편'이란 이름으로 발표하였다. 이는 또한 실제로 존재하던 부갱빌의 여행기 『세계 일주』에 대한 서평 형식으로 작성된 이후 대화 형식으로 고쳐지고 확장된 글이기도 하다. 실제로 세 콩트를 읽어보면 날씨에 대한 이야기라든가, 인물 이야기를 교차시킴으로써 서로 연결시키는 언급들이 들어 있는 것을 볼 수 있는데 무엇보다 이 세 콩트를 연결하는 것은 성과 사랑, 결혼의 주제임이 분명하다. 다만 「이것은 콩트가 아니다」와 「드라카를리에르 부인」은 당대 프랑스라는 문명사회의 성 풍속에 대한 다소 비극적인 탐구인 반면 『부갱빌 여행기 부록』은 자연 상태에 가까운 것으로 보이는 타히티 사회의 성 풍속에 대한 다소 익살적이면서도 철학적인 접근을 통하여 문명사회의 그것을 비춰보고 있다는 차이점이 있다.

「이것은 콩트가 아니다」에서 다루는 두 에피소드는 사랑에 빠져 희생을 마다하지 않지만 그 사랑에 이용만 당하거나 버림을 당하는 두 남녀의 이야기다. 연민 섞인 어조로 이야기를 전달하지만 이른바 성적 끌림에서의 우연성과 개

별성 그리고 찰나성에 대한 고찰은, 문명사회에서 윤리적인 것으로 생각되곤 하는 정절과 지조 등이 얼마나 자연의 원칙과 위배되며 그런 만큼 얼마나 허약한지 보여준다. 그렇다고 해서 헌신적 사랑을 베푼 연인에 대한 변심과 배반을 절대 이상화시키고 있지는 않지만, 과연 끊임없는 유동 속에 있는 세상 만물과 육체 및 의식의 변전 속에서 그것을 막을 수 있는 길이 있을지 회의하고 있다. 미덕을 정념이 이기고 육체적 끌림이 이성을 이기는 행태, 어떤 관계에서 희생자였던 사람이 또 다른 관계에서는 원치 않는 가해자가 될 수 있다는 관계의 상대성 문제도 거론된다.

'특정 행위에 대한 여론의 비일관성에 대하여'라는 부제를 달고 있는 두번째 콩트 「드라카를리에르 부인」은 변치 않는 사랑의 서약이 배반되었다고 생각한 한 여성이 상대방과 스스로의 삶을 파멸시키는 이야기이다. 배반당한 여인이 갖가지 음모와 공모를 통하여 가차 없는 복수를 펼치는 이야기는 『운명론자 자크』에서 이야기를 이끌어가는 중요한 고리가 되는 폼므레 부인의 일화에서도 나타나는 등 디드로의 주요 관심사 중 하나였으며 「드라카를리에르 부인」도 마찬가지다. 여기서 디드로는 일단 배타적인 사랑의 약속이나 헌신이 인간의 자연적 본능에 위배되기에, 상대방의 변심이나 일탈을 방지하는 데 매우 취약하다는 점을 냉정히 분석하고 있다. 여기에는 변치 않는 사랑과 정절에 대한 맹세가 사실은 사유재산 제도에서 비롯된 것이며 어쩌면 소유할 수 없는 인간을 사유재산의 하나로 생각하는 데서 벌어진 오해일 수 있다는 생각이 깔려 있다. 또한 과도한 금기들이 오히려 위반을 초래하는 측면과 두 남녀가 만들어가야 하는 사적인 영역을 지나치게 사회규범의 틀 아래 종속시키고 또한 스스로 타인들의 평판과 시선의 노예로 만들어가는 문제를 지적한다. 배신감과 치욕감에서 복수를 기획하다가 그 과정에서 파멸해가는 모습들에 대해 안타까워하고 있지만 그렇다고 해서 디드로가 역시 성적 방종과 사랑의 배신자들을 옹호하는 것은 결코 아니다.

앞의 두 콩트가 다루는 내용과 주제가 비교적 자명하고 형식 또한 그러하다면 『부갱빌 여행기 부록』은 훨씬 복잡하고 중층적이다. 원래 부갱빌은 계몽사상가들의 친구이자 수학자이자 항해사이자 군인으로서 낭트를 출발, 남미를 거쳐 오세아니아 지방을 탐사하고 돌아와 『세계 일주』를 썼으며 디드로는 이에 대한 서평이자 가상의 부록으로서 『부갱빌 여행기 부록』을 쓴다. 우선 그는 부갱빌의 『세계 일주』에 대한 짧은 평가를 시도한 뒤, 부갱빌이 책에서 잠시 언급하고 지나갔던 원주민 노인의 입을 빌려 비장미 넘치는 연설 형식을 씀으로써 제국주의의 문제들을 지적한다. 『부갱빌 여행기 부록』의 다른 부분이 대화 형식인 데 비하여 이 부분이 연설 형식으로 씌었다는 점은 노인의 비판이 의문의 여지가 없는 것이란 생각과 통한다.

그러나 이어지는 원주민 오루와 사제의 대화는 시종일관 우스꽝스러운 어조를 유지하면서 우선적으로는 타히티 원주민들의 성 풍속을 통해 문명사회의 성 풍속을 조롱하려는 의도를 드러낸다. 이를 통해 우선 젊어서부터 그가 줄기차게 비판했던 가톨릭 사제들의 독신 규율이라든가 문명사회의 결혼 제도 등이 문제시된다. 하지만 주목해야 할 게 있으니 역시 그게 다는 아니라는 점이다. 가볍고 비꼬는 듯한 어조는 문명사회만이 아니라 타히티 사회의 풍속도 거리를 두고 바라보게 한다.

그리고 무엇보다 노인의 이별사와 오루와 사제의 이야기의 앞과 뒤 그리고 중간에 나타나는 두 문명인 A와 B의 대화가 그 못지않게 중요하다. 이것을 주의 깊게 읽지 않으면 마치 디드로가 타히티 원시사회를 이상적으로 그린 것으로 오해하게 되는데 부갱빌도 디드로도 그렇게 생각하지 않았다. A와 B는 앞에서 나온 이야기들을 총괄하면서 성 풍속을 통해서 본 자연과 문명에 관한 토론을 이끌어간다. 이 대화들을 읽어보면 원주민 풍속에 대한 탐구는 문명사회의 그 어떤 지나침에 대한 반성과 비판으로 기능하지만 이미 문명사회에 도달한 곳에서 무작정 채택될 수는 없는 것이란 인식을 확실히 알 수 있다. 이를 염두에 두고 다시 읽을 때, 성의 파라다이스로 보였던 타히티 성 풍속이 뒤집어 보면 철저히 우생학적 고려에서 나온 것이며 이런 사회에서 여성은 아이 낳는 기계 이상이 되지 못한다는 것을 알 수 있다. 어쩌면 자연 상태는 지극히 약육강식의 법칙이 지배하는 잔인한 세계로서 애초에 여성, 그중에서도 출산 능력을 잃은 여성이나 장애인 등 약자의 권리라는 것은 고려 대상조차 되지 않는 사회일 수 있다는 점, 문명사회의 여러 속박들이 어쩌면 약자들에게 구원의 가능성으로 존재할 수 있다는 점을 『부갱빌 여행기 부록』은 복잡한 서술 양식을 통해 독자로 하여금 자문해볼 수 있게 한다.

디드로 여성관의 의의와 한계

디드로는 자연과 본성에 특권적인 자리를 부여함으로써 기독교가 강제하는 영육 이분법에서 탈피하여, 세계의 역동성은 에로스에 의지하고 있음을 인식하고 있었다. 그러나 다른 한편 사랑과 성의 문제 앞에서 사회가 여성과 남성에게 각기 다른 기준을 제시하는 것에 대한 의문을 품고, 그것에 대해 깊이 파고들어갔다. 그리하여 여성의 심리뿐 아니라 여성의 생리적인 특성들을 함께 고려하면서 여성이 처한 현실에 주목하였다. 즉 많은 여성들이 사회적 평판과 여론, 정절과 지조의 이데올로기 등등에 억압당하는 현실과 그 원인들을 분석하였다. 나아가 문화적 억압이나 권력화한 관습적 제도로부터 여성의 몸과 마음을 어떻게 보호하고 또한 해방시킬 수 있을 것인가를 고민했다.

그러나 그렇다고 하여 디드로가 문명사회 속에서도 원시사회의 일견 자유로워 보이는 혼음 풍속이 도입되어야 한다고 생각했던 것은 전혀 아니다. 문명사회 남녀 관계의 불행의 근원으로서의 성도덕들이 지닌 허구성을 논박하지만 이런 설명의 기반이 되었던 유물론적 인식을 인간 감정의 변화나 가없는 성적 자유를 옹호하는 데 이용하는 것에 그치지 않았다. 원래 필요에 의해 생겨난 사회규범이 하부구조가 바뀐 다음에도 하나의 화석처럼 굳어져서 인간의 행복을 가로막는 현실 속에서 진정한 인간 해방이 어떻게 전취되어야 할지를 고민하는 가운데 구체적인 전략을 함께 찾아보고자 하였다. 즉 남녀의 생리적 조건과 심리적 반응의 차이를 묘사하는 것에서 끝나는 것이 아니라, 교육 및 사회 문화적 배경에 의해 그것이 강화되는 과정을 고찰하면서 문명의 발달은 여성의 한계 극복에 도움이 되는 것임을 여러 텍스트들을 통해 설파하였다.

이처럼 그는 당대로서는 드물게 여성의 신체적 조건을 여성의 사회적 위치를 불리하게 만든 원인으로 주목하면서도 교육과 관습에 의해서 사회적·역사적으로 남성보다 도덕적·지적으로 열등한 존재로 만들어져왔다는 점을 비판한다. 그러면서 교육과 문명을 통해 여성이 처한 질곡에서 벗어나기를 바란다. 『라모의 조카』에서 딸의 교육에 대해 언급하면서 "자연이 약한 육체와 민감한 영혼을 부여해놓곤 강한 육체와 청동 심장을 지닌 남자들과 똑같은 삶의 고통에 토출시킨 것으로 보아 자연이 그 애에게 무정한 것이 틀림없으니 되도록 나는 그 애가 용기를 가지고 그것을 감내하도록 가르칠 생각"이라고 했던 그는 당시 여성 교육의 주를 이루던 피아노니 무용이니 노래니 하는 것들을 넘어서 "할 수 있는 한 남성 모두가 갖고 있지도 않으나 여성에게선 더욱 희귀한, 올바로 이치를 따지는 법"을 가르치겠다고 말했으며, 드라쇼 양에게 "학자가 될 용기를 가지세요. 고대어에 대한 취미를 북돋아주거나 적어도 그런 문학 부문에서 역시 여성이 더욱 뛰어날 수 있는 것임을 증명하기 위해서라도 당신과 같은 예가 필요합니다"라는 편지를 보내기도 했다. 수많은 텍스트에 여성이 상대적으로 탁월한 능력을 계발하여 독자적 영역을 확대시켜나가길 바라는 저자의 염원이 담겨 있다. 이 모든 언급들을 통하여 그는 여성이 지닌 신체적·생리적 약점과는 달리 정신적인 능력은 탁월할 수 있으며 오히려 문명사회가 그 약점을 뛰어넘는 계기를 제공한다는 점을 강조하고 싶어 한다.

물론 디드로가 당대 다른 작가들에 비해 훨씬 여성에 대한 연대와 이해의 입장을 취하고 있긴 하지만 오늘날의 입장에서 읽으면 수많은 한계를 노정하는 것도 사실이다.

중상류층 여성 이외의 조건에 대한 고려가 미비하다는 점, 남녀 간 생리적 차이를 부각시키는 점 자체가 자칫 현존 질서를 고수하고 옹호하는 결과를 낳을 수 있으며 이는 18세기 계몽사상의 한계로 보일 수도 있다. 여기서 강조되는 여성의 재능은 무엇보다 이렇게 내면적 가치와 관련된 정신적인 재능이라는 점에서 한계를 보인다고도 말할 수 있을 것이다. 또한 이러한 여성의 정신력 예찬과 분발은 탁월한 지력을 지닌 선택받은 소수 이외의 대다수 여성의 열악한 조건을 타개하는 데서는 별 효과를 발휘하지 못할지 모른다. 그리고 이런 생각이 오늘날 많이 비판받는 능력주의 이데올로기의 한계를 보여준다고 말할 수도 있을 것이다. 그러나 성별이나 혈통 등 생래적 조건을 과도하게 강조함으로써 보수주의 이데올로기를 강화시키는 것에 그치지 않고, 지력에서 탁월한 여성이 남성보다 못할 게 없으며 오히려 자연적인 조건이 불리하므로 더더욱 지적인 능력을 길러야 한다는 사실에 대한 계속된 강조는 나아가 여성 일반의 정신적 성장의 가능성을 부각시키고 자각된 여성의 저변을 두텁게 할 조건을 마련하고 있다고 말할 수 있다. 디드로가 살았던 18세기 프랑스에서 나온 저작들, 예컨대 몽테스키외의 『페르시아인의 편지』나 볼테르의 『캉디드』, 루소의 『누벨 엘로이즈』와 『에밀』을 함께 읽어본다면 이 문제 앞에서 보여주는 디드로의 상대적 현대성과 의의를 뚜렷이 느낄 수 있을 것이다.

나가며

흔히 서구 이성 중심주의를 공격하는 목소리는 계몽주의적 합리성에 대한 비판으로 가닿고 이는 그것의 집약판이라 할 『백과전서』 주변의 철학자들에 대한 비판으로 이어지곤 한다. 계몽사상가들이 인간의 이성과 진보를 절대적으로 신뢰하고 맹신하였다는 지나치게 단순화한 통념은 말할 것도 없고, 계몽적 합리성에 의거한 근대성 논의의 기반은 이분법적 사고방식으로 세계를 선과 악, 남성과 여성, 이성과 감성 등 이분법에 기초하여 재단하고 전자를 언제나 후자보다 우월한 것으로 상정하여 억압해왔다는 생각이 그것이다. 여기서 남성은 근대적 주체로 규정되고 여성은 전통을 재현하는 탈역사적인 타자로 강제 규정되고 있다는 해석, 가족과 전통 사회의 공동체로부터 자유로운 근대적 개인의 권리란 것도 실은 남성에게나 국한되었을 뿐이라는 해석도 마찬가지다.

이러한 논의가 일정한 정당성을 갖고 있다 하더라도, 여기서 비판받고 있는 주관주의적·독단적 합리성 개념의 원류를 간단히 계몽주의라 칭함으로써 실제 계몽사상가들이 갖고 있던 사유의 풍성함과 깊이가 싸잡아 공격받고 있는 점은 디드로 전공자로서 안타까운 게 사실이었다. 앞서 말한 대로 디드로는 앙시앵 레짐과 싸우는 과정에서 무신론과 유물론을 정련시켜갔지만 그것이 현실 속에서 가질 수 있는 여러 모순과 갈등을 외면하지 않았다. 오히려 그런 세계관이 가질 수 있는 한계들과 부작용들에 대해서 끝까지 대면하고자 하며, 해결하기 힘든 문제들을 자신의 철학적 정합성을 위해 무시하는 것이 아니라 그 자체로 드러내고 있다. 자신이 구축한 논리가 맞다는 것을 증명하기 위해 수많은 삶의 다양한 결들을 무시하지 않는 것, 그것이 그를 그토록 복잡한 대화 형식의 글쓰기로 이끌어간 것이다.

그의 대화들은 해답을 보여주지 않고 고민되는 지점들, 단순하게 대답하기 어려운 문제들을 모순된 상태 그대로 보여준다. 그래서 책을 읽다 보면 '그래서 어쩌라고?'라는 생각이 들 수 있고, '뭐 이렇게 왔다 갔다 하는 거야?' 할 수도 있다. 그러나 손쉬운 답을 내고 다양한 삶의 무늬들을 무시하는 것보다는, 해답이 나오지 않았으면 안 나온 대로 그것들을 끌어안고 계속 함께 고민하게 하는 게 오히려 정직한 태도 아닐까?

끝으로 한마디. 여기 나오는 여성과 사랑에 대한 이야기들이 매우 참신한 통찰을 보여주기도 하지만 오늘날의 시각에서 읽으면 매우 낡았고 불편하게 여겨지는 대목들도 보이는 게 사실이다. 부디 이 텍스트가 18세기에 나왔다는 사실을 상기하면서 읽어나가기를 바란다. 250년이 흐르며 실로 많은 일이 있었다. 게다가 서구가 몇 백 년에 걸쳐 변화시켜온 것들을 우리는 단 몇 십 년 만에 성취해나가고 있다.

이러한 맥락을 고려하지 않고 읽으면 모든 고전들을 모두 성차별주의라는 오명하에 분서갱유해야 하지 않을까? 이것은 또 다른 매카시즘이며 문명 파괴다.

20여 년 전 박사 논문 쓰며 틈틈이 번역해둔 글을 이제야 손보아 출간하면서 많은 분들의 도움을 받았다. 특히 이인성 선생님과 문학과지성사 여러분께 감사의 말씀 올린다.

2021년 봄
주미사

1713   10월 5일, 프랑스 동부 랑그르 시에서 칼 제조업자 디
          디에 디드로와 피혁 제조업자 가정 출신 앙젤리크 비뉴
          롱의 7남매 중 장남으로 출생. 그의 집안은 오래전부터
          이 일에 종사해왔으며 종교와 윤리를 중시하는 소박한
          부르주아 계급에 속했음.

1723   랑그르의 예수회 학교에 입학.

1726   교구참사원인 외삼촌 디디에 비뉴롱의 자리를 물려받
          기 위해 삭발례를 받음.

1728   외삼촌이 사망하자 파리로 감. 당시 예수회 학교였던
          루이 르 그랑 중학교에서 후일 프랑스 초기 유물론의
          이론가가 된 라메트리 등과 수학. 1732년까지 아르쿠
          르 학교, 장세니스트들이 운영하는 보베 학교 등에서도
          청강.

1732   바칼로레아에 해당하는 문학사 자격 획득. 소르본 대학
          에서 수학.

1735   학사 학위에 해당하는 신학사 자격 획득했으나 몇 달

후 성직 포기.

1736   약 5년간 랑그르 출신의 한 대소인의 사무실에서 일하
        거나 금융인 랑동 드 마산의 집에서 가정교사 생활을
        하는 등, 불안정한 보헤미안 생활을 한 것으로 추정됨.
        『라모의 조카Le Neveu de Rameau』에 그 시절의 디드로에
        대한 암시들이 있음. 그의 아버지는 보헤미안 생활을
        계속하는 아들의 채무 변제를 거부함. 계속 라틴어–영
        어 사전으로 영어를 익히고 수학을 가르쳐 근근이 살면
        서 신학자와 배우라는 직업 속에서 방황하는 등, 지적
        인 모색의 시간을 보냄.『배우에 관한 역설Paradoxe sur le
        comédien』에도 언급되는 고셍과 당주빌, 르사주 등에 매
        혹됨.

1741   리넨 제조인의 딸이자 미래의 아내 앙투아네트 샹피옹
        과 만남. 소설가 바퀼라르 다르노에게 보내는 서한체
        시를 씀.

1742   5월, 영국의 역사학자 템플 스테니언의 『그리스사
        L'Histoire de Grèce』 번역. 8월, 장–자크 루소와 교류 시작.
        12월, 결혼 승낙을 얻기 위해 랑그르로 감.

1743   1월, 아버지에 의해 수도원에 감금된 후 한 달 만에 탈
        출, 파리로 돌아감. 4월,『그리스사』출간. 10월, 가족의
        반대를 무릅쓰고 결혼.

1744   4월, 로버트 제임스의 『의학 사전Dictionnaire de médecine』

의 공동 번역에 대한 국왕의 윤허를 받음. 8월, 첫딸 출생. 일찍이 수녀가 되었다 정신질환으로 죽은 여동생의 이름을 따라 앙젤리크로 불렀던 그 딸은 한 달 만에 사망. 루소를 통해 감각론 철학자 콩디야크를 알게 됨. 1747년까지 외과 의사 세자르 베르디에의 강의를 들음.

1745   샤프스베리의 『가치와 미덕에 대한 에세이 *Essai sur le mérite et la vertu*』 번역, 출간. 퓌지외 부인과 사귀기 시작.

1746   디드로가 대부분 번역한 『의학 사전』 출간. 1월, 출판업자 르브르통이 영국 체임버스의 『백과사전 *Cyclopædia*』 번역을 기획·의뢰하였고 국왕의 윤허를 받음, 단순히 번역하는 것으로 기획된 이 사업은 장차 프랑스 지식인들에 의해 다시 집필되면서 계몽사상의 집결지가 됨. 4월, 종교적 맹신에 관해 쓴 『철학적 사색들 *Pensées philosophiques*』 출간, 파리 최고법원에 의해 제작 금지됨. 첫아들 프랑수아가 태어남.

1747   10월, 달랑베르와 더불어 『백과전서 *Encyclopédie*』의 책임 편집자가 됨. 무종교를 고백한 『회의주의자의 산책 *Promenade du sceptique*』 집필.

1748   1월, 다소 외설적이란 평을 듣고, 스스로도 나중에 후회한 『경솔한 보석 *Les Bijoux indiscrets*』 출간. 5월, 『수학의 여러 주제에 관한 논문 *Mémoires sur différents sujets de mathématiques*』을 집필, 다음 달 발표, 독창적인 수학자

로 인정받음. 의학과 외과 의술에 관한 『외과 의사 모랑에게 보내는 서한*Lettre au chirurgien Morand sur les troubles de la médecine et de la chirurgie*』을 소책자로 출간. 어머니 사망.

1749   6월, 『맹인에 관한 서한*Lettre sur les aveugles*』 출간. 이신론자 볼테르는 이 책의 무신론 비난. 7월에 파리 근교 뱅센 감옥에 갇힌 뒤, 준법 계약서를 쓰고 11월에 석방됨. 루소는 디드로를 면회 가다가 디종 아카데미 현상 공모를 보고 그 유명한 『학문예술론』을 쓰게 됨. 감옥에서 디드로는 플라톤의 『소크라테스의 변명*Apologie de Socrate*』 번역. 퓌지외 부인과 결별. 석방된 뒤 루소의 집에서 독일 태생 돌바크, 그림 등과 교유 시작. 이후 전자는 『백과전서』 집필에 크게 관여했고, 후자는 『문학통신*Correspondance littéraire*』이라는 유럽 귀족들에게 보내는 정기 간행물에 디드로의 글을 많이 싣게 됨.

1750   6월, 첫아들 프랑수아 사망. 『백과전서』 1권 편찬 작업에 몰입. 『백과전서』의 취지문이 인쇄되어 1,500부 배포됨. 9월, 둘째 아들 드니 로랑이 태어났으나 백일을 넘지 못하고 사망.

1751   1월, 『백과전서』 취지문에 관해 베르티에 신부와 논쟁. 2월, 『농아에 관한 서한*Lettre sur les Sourds et Muets*』 출간. 달랑베르와 함께 베를린 학술원 회원으로 임명됨. 6월,

『백과전서』1권 발간.

1752   1월,『백과전서』2권 발간.『백과전서』기고자 중 한 사
      람인 프라드 사제가 1751년 소르본 대학에 제출한 학위
      논문이 유죄 판결되어, 2월에『백과전서』도 발행 금지
      되었으나 5월에 국왕의 연인이자 철학자들의 후원자였
      던 퐁파두르 부인의 중재로 금지령 취소됨. 7월,『프라
      드 사제 변호 Apologie de l'abbé de Prades』를 익명으로 발표.

1753   9월, 무남독녀로 남게 되는 마리 앙젤리크 디드로 출
      생. 11월,『백과전서』3권 발간과 함께『자연의 해석에
      관하여 De l'interprétation de la nature』초판이 발간되고, 이
      듬해 1월 개정판 발간.

1754 『백과전서』4권 발간. 결혼 이후 처음으로 고향 방문,
      연말을 보냄.

1755   7월, 소피 볼랑과 만나 평생에 걸친 편지 교류가 시작
      됨. 그 서한집은 디드로 연구의 중요한 자료가 되고 있
      음. 11월,『백과전서』5권 발간.

1756   5월,『백과전서』6권 발간.

1757   국왕 암살 미수 사건 이후 왕실의 사상 탄압 강화됨.
      희곡「사생아 Le Fils naturel」를『「사생아」에 대한 대담
      Entretiens sur Le Fils naturel』과 함께 발간. 은둔 생활을 하
      던 루소와「사생아」에 나오는 '악인만이 혼자 산다' 문
      구 때문에 틀어지고 3월, 루소와의 불화 시작. 11월,

『백과전서』7권 발간. 여기 포함된 달랑베르의 '주네브' 항목으로 루소는 격분하고 12월 디드로와 영원히 절교. 루엘의 화학강의 수강 시작.

1758 달랑베르가『백과전서』공동 책임 편집자 직을 사퇴함. 11월, 희곡「가장 *Père de famille*」과『극시론 *Discours sur la poésie dramatique*』을 묶어 발간.

1759 엘베시우스의『정신론』이 유죄 판결 받으면서『백과전서』발행도 다시 금지되고 이미 출간된 책들에 대해서도 수정 명령이 떨어짐. 집필자들은 당국의 블랙리스트에 오르고, 튀르고 등『백과전서』의 협력자들도 손을 떼었으나 불태워질 뻔한 원고들을 말제브르가 자택에 숨겨줌으로써 겨우 작업을 이어감. 6월, 부친 사망했으나 투옥되어 있어 장례식에 참석 못 함. 7~8월, 고향으로 돌아가 유산을 공동 상속받음. 9월, 그랑발에서『문학 통신』의 편집자 그림의 요청으로 미술 평론집『살롱 1759』집필 시작. 프레롱이 표절 시비를 걸었으나 무죄 판결 받음.

1760 2월, 크루아마르 후작과 서신을 교환하면서『수녀 *La Religieuse*』의 집필 시작. 5월, 디드로를 공격하는 팔리소의「철학자」가 공연됨. 7월,『문학 통신』에「공공기념물 건축에 대한 생각」발표. 그를 프랑스 학술원 회원으로 만들기 위한 움직임이 볼테르에 의해 추진됨. 교

구참사원이 될 동생에게 관용에 대한 편지를 쓰고, 이는『백과전서』에도 '불관용'이란 항목으로 수록됨.

1761   함부르크에서 상연되었던 「가장」이 파리 코메디 프랑세즈에서 9회 상연됨. 9월,『백과전서』의 마지막 열 권 (8~17권) 검토 작업 완성.『살롱 1761』집필.『라모의 조카』초고 집필하고 평생에 걸쳐 손보게 됨.『리처드슨 예찬*Éloge de Richardson*』을 집필하여 이듬해 출간.

1762   『백과전서』를 러시아에서 발간하라는 예카테리나 여제의 시종 슈발로프 공작의 제안을 거절. 1772년까지 이어질『백과전서』의 도판 출간이 시작됨.『라모의 조카』집필에 착수. 로런스 스턴을 알게 되어『트리스트럼 샌디』를 읽음. 이는 이후『운명론자 자크*Jacques le fataliste*』에 매우 큰 영향을 미침.「『철학적 사색들』보론*Addition aux Pensées philosopiques*」집필하여 이듬해 발표.「그와 나*Lui et Moi*」집필.

1763   3월,『살롱 1763』발표. 10월,『에밀』로 제소된 루소를 변호. 3년간 파리에 체류할 데이비드 흄과 교류 시작. 영국 배우 개릭을 알게 됨.

1764   11월, 출판사에 의해『백과전서』의 마지막 열 권 중 물의를 일으킬 만한 여러 항목들이 삭제된 것을 발견하나 출간 작업 종료에 동의.

1765   4월, 루소와의 화해 시도가 있었으나 루소의 거절로 와

해됨. 딸의 지참금 마련을 위해 예카테리나 2세에게 장서를 팔기로 하고 당국의 허가를 받음. 만 5천 리브르와 매년 100피스톨의 연금을 받는 대신 디드로 사후에 상트페테르부르크 도서관에 장서를 넘긴다는 후한 조건이었음. 레이날 신부의 『두 인도의 역사*Histoire des deux Indes*』 집필 참여를 요청받음. 그 일부는 후에 「여성에 대하여*Sur les femmes*」에 첨부됨. 『운명론자 자크』 집필 시작. 9월, 『살롱 1765』 집필. 조각가 팔코네와 예술에 대한 서신 교환 시작, 이 서신집은 이후 『찬성과 반대*Le Pour et le contre*』로 알려짐.

1766   1월, 『백과전서』의 마지막 열 권이 예약자들에게 배포됨. 예카테리나 2세가 50년 수당을 미리 지급함. 「회화에 대하여*Essai sur la peinture*」가 『문학 통신』에 게재됨.

1767   1월, 동생 디디에-피에르 디드로 신부가 교구참사원으로 임명되고, 디드로는 상트페테르부르크 예술원 회원으로 임명됨. 7월, 라리비에르의 책을 읽고 중농주의에 관심을 갖게 되고, 예카테리나 여제에게 그를 소개함. 9월, 『살롱 1767』 집필을 시작, 이듬해 11월에 완성함. 『도서 유통에 관한 편지』 집필.

1769   독일로 여행 간 그림을 대신하여 에피네 부인과 함께 『문학 통신』 발행. 9월, 『달랑베르의 꿈』 3부작(「달랑베르와 디드로의 대담*Entretien entre d'Alembert et Diderot*」

『달랑베르의 꿈Rêve d'Alembert』「대담 속편Suite de l'entretien」)을 집필하고 『살롱 1769』 집필. 모Maux 부인과 연애 시작. 11월, 『문학 통신』에 후일 『배우에 관한 역설』의 모태가 될 「개릭, 혹은 영국의 배우들Garrick ou les acteurs anglais」이란 서평을 씀. 『물질과 운동에 대한 철학적 원칙Les Principes philosophiques sur la matière et le mouvement』 집필.

1770   8~9월, 랑그르로 가서 딸의 결혼을 준비함. 사제인 동생과의 화해 시도 실패. 부르본과 랑그르를 여행함으로써 「아버지와 자식들의 대담Entretien d'un père avec ses enfants」과 초기 낭만주의의 요소가 풍부한 콩트인 「부르본의 두 친구Deux amis de Bourbonne」의 집필 계기를 얻음. 『갈리아니 사제 변호Apologie de l'abbé Galiani』를 쓰고 11월, 모 부인과 잠정적 절교.

1771   3월, 「아버지와 자식들의 대담」이 『문학 통신』에 발표됨. 9월, 『운명론자 자크』의 초고 완성. 오스트리아 빈에서 성공리에 막을 내렸던 「사생아」가 파리에서는 실패함. 『살롱 1771』 집필.

1772   3월, 「여성에 대하여」 집필 기획. 9월, 딸을 시집보낸 뒤 10월, 남녀 관계의 메커니즘을 다룬 「이것은 콩트가 아니다Ceci n'est pas un conte」 「드라카를리에르 부인 Madame de la Carlière」 집필, 이것들과 함께 3부작을 이룰

『부갱빌 여행기 부록 혹은 A와 B의 대화*Supplément au Voyage de Bougainville ou dialogue entre A et B*』 초고 집필.

1773   6월, 네종에게 원고를 맡기고 러시아에 가기 위해 헤이그로 감. 두 달간 헤이그에 머물면서 『라모의 조카』 와 『운명론자 자크』를 수정하고 「개릭, 혹은 영국의 배우들」을 『배우에 관한 역설』로 확대 수정. 『예카테리나 2세에 관한 회상록*Mémoires pour Catherine II*』 『홀란드 여행기*Voyage de Hollande*』 『엘베시우스의 인간론 반박*Réfutation de l'Homme d'Helvétius*』 등을 집필. 8월, 독일을 거쳐 러시아로 출발. 10월, 상트페테르부르크 도착.

1774   3월, 러시아를 떠나 4월, 헤이그 도착. 「원수 부인과의 대담*Entretiens avec la Maréchale*」 『나카즈─러시아 제도들에 관한 관찰*Observations sur le Nakaz*』 『생리학 요강*Éléments de physiologie*』 『군주들의 정치학*Politique des souverains*』 일부 집필.

1775   수학과 계산기에 몰두하는 한편 5월, 러시아를 위한 『대학 설계안*Plan d'une Université*』을 집필. 9월, 여덟번째 『살롱 1775』 집필.

1776   1월, 메트라가 『비밀 문학 통신*Correspondance littéraire secrète*』에 『군주들의 정치학』 요약 발표. 11월, 시골로 내려가 집필과 수정에 몰두.

1777   4월, 레이날 신부의 『두 인도의 역사』 공동 집필자로

참여하고 자신의 전집 간행 준비.

1778   『생리학 요강』집필에 몰두하고 12월, 『세네카의 생애
　　　에 대한 에세이*Essai sur la vie de Sénèque*』발간.

1779   예카테리나 2세로부터 2천 루블을 하사받아 딸을 위
　　　해 씀.

1780   7월 전, 『클로디우스와 네로의 통치론*Essai sur les règnes de
　　　Claude et de Néron*』완성. 『부갱빌 여행기 부록』과 『수녀』
　　　수정 증보.

1781   4월, 조각가 우동이 제작한 디드로 흉상이 랑그르 시청
　　　에 전시됨. 「그림 씨에게 보내는 레이날 사제 변호*Lettre
　　　apologétique de l'abbé Raynal à M. Grimm*」를 집필하고, 9월에
　　　아홉번째 『살롱 1781』집필. 「그는 선한가 악한가*Est-il
　　　bon, est-il méchant?*」탈고.

1784   2월, 뇌일혈로 쓰러짐. 7월 31일 사망, 8월 1일 생로슈
　　　교회에 안장됨.

이후 약속에 따라 그의 장서들과 육필본 32권은 모두 러시아
상트페테르부르크 왕실 도서관으로 보내졌다가 1965년 이후
연구자들에게 개방되었다.